D1477846

*Derniers fragments
d'un long voyage*

Christiane Singer

Derniers fragments d'un long voyage

Albin Michel

Comme promis, et dans la joie...

Je crois que ce livre a vraiment sa lumière propre !

Quelle grâce j'ai reçue de lui livrer passage !!

Prends-en soin, je t'en prie. Mon rêve serait qu'il paraisse le plus vite possible. Ce serait une manière très forte d'entrer désormais dans un espace NEUF – peu importe où – mais NEUF

le 2 mars 2007
Christiane Singer
à son éditeur.

28 août 2006

Ces jours qui viennent vont sans doute me révéler l'origine médicale de mon mauvais état. A l'avenant ! Il y a comme un soulagement à savoir à quoi s'en tenir sur un plan restreint du moins.

Voilà trois semaines que je cherche ce carnet. Aujourd'hui comme posé par d'invisibles mains, le voilà derrière mon lit ! Quelles retrouvailles !

Ce qu'il y a à vivre, il va falloir le vivre.

Un jour plus tard

J'ai eu l'aventure de connaître après une minuscule anesthésie une heure d'amnésie totale : de l'instant où Giorgio est venu me chercher à l'hôpital jusqu'à celui où je me suis effondrée sur mon lit à Rastenberg : un vide total. Il m'a tout raconté en détail : j'ai même fait les courses et rempli mon grand panier avec une conscience aiguë et précise, parlé gaiement à la caissière.

L'étrange sensation qu'un temps viendra où toute notre existence disparaîtra dans pareille fissure.

Ensuite j'ai somnolé indéfiniment. Beaucoup d'âmes amicales m'ont appelée, se préoccupant de moi.

Chaque fois que je me levais, je tombais aussitôt d'épuisement. M. m'a conseillé de faire une vraie soupe de bœuf et de boire le liquide ; je l'ai fait avec l'aide de V. et j'ai senti les forces revenir ; mémoire des temps bénis, de ces maladies enfantines qu'on nous accordait encore le temps de traverser avec, à nos côtés, une mère qui connaissait les gestes pour guérir.

Giorgio me dit ce soir que cette mininarcose m'a délivrée d'une programmation triste et que je lui parais libre.

1er septembre, trois jours plus tard
après une cascade d'événements

La journée qui a suivi a été lugubre. Je n'ai fait que me faire pitié. Comme si je n'avais jamais eu de pratique bouddhiste de toute ma vie ! J'adhère à ma vie comme si je n'avais jamais connu la moindre distance. Mon potentiel de ressentiment me sidère

Et alors ?

Entre-temps hospitalisée à Krems, je rencontre un maître dans ma voisine de chambre. Au dernier stade d'un cancer généralisé, elle a une énergie extraordinaire.

Aïe ! Aïe ! Aïe !

15 h 25

Verdict :

« Vous sacrifierez un coq à Esculape ! » lança joyeusement Socrate lorsqu'on lui annonça le verdict : sa condamnation à mort. (Il était d'usage alors pour une guérison inespérée de sacrifier un coq à Esculape.) Je ne raffole pas de l'idée de considérer la Vie en soi comme une maladie dont il faille guérir. Mais impossible de ne pas trouver du panache – une indéniable *grandezza* – à la repartie du vieux philosophe.

« Vous avez encore six mois au plus devant vous », me dit le jeune médecin. Ou s'adresse-t-il plutôt au cliché d'un mètre carré qu'il tient en main ? Une fois que ces mots ont été prononcés, toute la brume se trouve dissoute. C'est un climat qui me convient. Je ne veux pas me prendre en pitié, j'ai été si richement dotée. Ma vie est pleine à ras bord.

Encore six mois au plus !

Il n'a décidément aucune attraction pour moi, ce jeune médecin qui prononce le décret alors que je suis en train de lire *La Légende du mont Ararat* de Yachar Kemal. Cette annonce est loin de m'atteindre aussi profondément que m'atteignit autrefois celle de la naissance de mon premier fils qui, elle, m'ôta pour deux jours la faculté de lire !

Les *Rêveries du promeneur solitaire* dans l'édition de la Pléiade ne contenaient soudain plus une seule lettre imprimée. Chaque ligne n'était qu'une vague vibrante, indéchiffrable. J'y revenais sans cesse, ne pouvant croire que l'imprimé fût aboli ! Mon âme entière n'était qu'ébullition : « Un fils nous est né ! »

Aujourd'hui je réponds simplement à mon interlocuteur : « Cela me laisse du moins le temps de finir ce livre. Mon mari vient dans deux heures. Expliquez-nous alors ce qu'il en est, ça vous évitera de répéter deux fois la même chose. »

J'ai lu d'une seule traite mon livre sans qu'une seule pensée ne me dérange. Quelle chance aurait un jeune médecin à l'œil froid, cliché en main, devant le grand Yachar Kemal ? Certains humains n'ont que leurs cellules grises. Le grand Yachar, lui, est couvert de la plaine de Cilicie, secoué de colères homériques devant la destruction écologique et politique de sa terre. Son pays lui tient lieu de corps, de peau et de poil ; en défendant le singulier, il atteint l'universel. Comment s'étonner que là où je l'ai alors rejoint, rien n'ait pu me distraire ? C'est seulement à l'instant où Giorgio et Dorian sont devant moi, défaits, que leur atterrement m'apporte la nouvelle et que je la reçois enfin. C'est dans leurs larmes que je dérape. Et nous pleurons, nous pleurons, nous pleurons. Ensemble !

Je déménage à Vienne à l'Hôpital des Frères de la Miséricorde.

Tomographie numérisée, IRM. Des mots que je ne connaissais pas voilà quelques jours encore mais que je ne risque pas d'adopter, ce sont des mots qui croient à une réalité parallèle – certes respectable – mais qui n'est pas hospitalière à l'imaginaire.

Une autre chose dangereuse et superflue en état de maladie est de penser à la maladie. Mais le plus redoutable serait de laisser à la médecine sa possession exclusive.

Il faut être clair. Lorsqu'on analyse tout scientifiquement, on a des résultats scientifiques. La science engendre de la science – tautologie parfaite. Système clos que rien ne menace. On a des résultats mais pas de fruits pour autant. Pour le fruit, il faut que le *un* ait éclaté – il faut le *deux*. A l'horizon du savoir doit se joindre la verticale d'un inconnu. C'est seulement lorsque l'horizon scientifique de lucidité et de recherche rejoint la verticale du secret que le fruit peut naître. Je veillerai à ce qu'il en soit ainsi, dans ma conscience du moins. Il faudra pour cela être en mesure de supporter longtemps, très longtemps la pression du non-savoir. En lâchant sur nous les hyènes de l'urgence, la modernité rend l'accès vertical impraticable. Aussi, quelle gratitude devant le temps qui s'ouvre à moi désormais et m'octroie une liberté qui ira, je l'espère, grandissant !

Toute mon attention se porte désormais à être, être, être…, être…, être…, être.

Pendant l'IRM, je suis entrée en profonde méditation, des larmes me sont venues : « Tu es libre ! » J'ai confié un griffonnage à Dorian pour envoyer à ma Nicole chère, l'annonce à faire suivre de l'annulation de mes stages et conférences. La semaine qui suivait était pleine à craquer.

Voilà le petit texte qui part aussitôt tous azimuts :

Chers amis,

Il me faut annuler mes séminaires et mes conférences. Je vais être opérée sous peu – avec un diagnostic sévère.

Je serais heureuse que vous receviez cette nouvelle comme je l'ai reçue : le cœur ouvert et sans jugement. Toute existence est singulière ; celle que je vis – et qui peut-être se prolongera – est une vraie vie pleine à ras bord d'amour et d'amitié, de rencontres et de ferveur, d'engagements pour le vivant et de folie. Les épreuves y ont leur place comme tout le reste et je reçois sans marchander celle qui maintenant vient à ma rencontre.

Votre amitié m'est précieuse. Gardons vivant ce que nous avons frôlé ensemble de plus haut,

Christiane

Mon Giorgio bien-aimé, sa tendresse, sa bonté, son grand amour. Et mon Dorian, une éruption d'amour.

Je suis bouleversée.

Hier j'ai aussi téléphoné dans toutes les directions pour dire au revoir et j'ai reçu des messages d'amour à n'en plus savoir où j'étais.

Quand la vie atteint cette profondeur vertigineuse, il n'est que de s'émerveiller.

Je relis les enseignements de Baker Roshi. C'est la perception qui est la cause de la souffrance : nous souffrons de l'interprétation, de l'évaluation des choses, jamais des choses elles-mêmes. Toute souffrance morale est notre incapacité d'expérimenter les choses comme elles sont, comme elles viennent à nous. Je souris de me faire la leçon mais j'aime me voir si bien disposée à la recevoir.

Mardi 5 septembre, 7 heures du matin

Deuxième jour à l'Hôpital des Frères de la Miséricorde.

Je dis merci pour tout ce que ce jour m'apportera d'expériences inédites, de rencontres, de vérité.

Chaque jour un bon jour,

Une maladie est en moi. C'est un fait. Mon travail va être de ne pas être, moi, dans la maladie

Bon, je répète, il est possible qu'il y ait en moi ce qu'on nomme une maladie. Mais Christiane n'est pas contenue dans cette maladie. Elle en déborde.

« Mais au fait, de quelle maladie es-tu atteinte ? me demande-t-on après mon message.

– D'aucune qui ne soit connue. » On ne nomme pas la maladie dans la tradition judaïque, par exemple. C'est une façon de lui donner une légitimité, j'allais dire sociale, une façon de dire :

« Je vous présente madame la maladie unetelle qui habite désormais chez moi », alors que derrière elle avance une tout autre visiteuse qui, elle seule, importe.

Les lettres de Nelly Sachs et de Paul Celan me bouleversent.
Je me drape de leur beauté.

Aujourd'hui les loups hurlent dans les steppes de mon âme.
Je pleure avec la vieille dame qui partage ma chambre (quatre-vingt-douze ans) ! Elle porte au bras son matricule d'Auschwitz.
Je pleure sa mort, ma mort, la vulnérabilité de tout ce qui est sous le soleil.
La vieille dame répète sans cesse : « *Ja, ja, ja, ja, ja, ja.* »
Ne jamais oublier d'aimer exagérément : c'est la seule bonne mesure.

Après la mauvaise nuit d'hier, traversée de toutes les douleurs qui fusaient de tous les coins du corps, je viens de passer une nuit paisible, sans être trop visitée par le violent ronflement de ma voisine.
L'impossible digestion reste le point litigieux qui empêche la totale dilatation dans la gratitude du corps, peut-être y parviendrai-je encore malgré tout.

J'ai par ailleurs la sensation d'avoir plus de place en moi. Ma vie adhérait à moi, me moulait hier encore comme dans un fourreau. Aujourd'hui je me sens comme ces femmes mûres, opulentes qui ne portent que des vêtements très larges dans lesquels tanguent leurs corps généreux. J'ai gagné de l'espace, je gagne en liberté même si, dans le visible, je fonds.

Faire des plans d'avenir :
C'est aller à la pêche là où il n'y a pas d'eau.
Rien ne se passe jamais comme tu l'as voulu ou craint.
Laisse donc tout cela derrière toi.

Qu'as-tu fait pour tes frères humains ?
Quand cette question retentira, je verrai défiler tous les beaux visages de tous ces êtres qui ont franchi avec moi une étape du pèlerinage de la vie.
J'ai vu des cœurs s'ouvrir sous ma guidance à la joie et à la liberté.

Hier est venu un guérisseur envoyé par des amis : sa main va droit à la tumeur et aux points les plus douloureux. Il me dit : « *Sie müssen nicht das Leid der ganzen Welt auf sich nehmen.* » (« Vous n'avez pas besoin de prendre sur vous toute la souffrance du monde. »)
Il me fait comprendre qu'il ne cherche pas

l'origine de ma maladie parce qu'elle est claire. C'est moi qui me la suis donnée par loyauté judéo-chrétienne. Je dois annuler mon serment… et aller vers la santé. Comme il est enviable celui qui sait tout et, comme on l'entend au son de sa voix, toujours la même chose !

Ce matin j'ai senti qu'un processus de guérison était en cours. Le malheur veut qu'une constipation bétonnée me coupe de mon bassin. J'en éprouve une grande fâcherie, même colère. Mais pourquoi m'indigner ? Contre quoi ? Contre qui ? Il y a là une guerre ancienne.

C'est une infime part.

> La vie s'écoule
> Avec la précipitation écumante
> D'un torrent de montagne.

Ne nous laissons pas emprisonner dans cette part de nous qui est vouée à la mort.

L'infirmière Slavitsa me donne le sens de son nom : *Feiertag* : Jour de Fête !

J'ai changé ce soir vendredi une troisième fois de chambre et attristé ma voisine de lit.

Je ne vais pas bien. La tristesse me tient. Je suis diminuée par les douleurs qui sont le signe de mon état. Je me mets soudain à trouver mon sort laid. La vie de celle qui se tenait pour moi pleure en moi.

Mon Giorgio bien-aimé est parti, le pigeon blanc-noir qui était posé sur le fronton de la façade en face de ma fenêtre s'est envolé. Le ciel est sublimement bleu entre les gros nuages. Il est dix-neuf heures et la nuit vient.

Comment trouver le juste équilibre entre lâcher prise et garder un certain tonus ; c'était la question qui, me dit Evelyne C., préoccupait Christina Castermane dans la dernière période de son lumineux voyage.

Maintenant je peux à nouveau sourire : je vais être délivrée par l'opération d'une tumeur maligne, de cette part de moi maligne, pauvrette, prompte à haïr, à juger.

Grande histoire d'amour avec Dorian : une tornade.

Je suis déjà gagnante même si, pour ceux qui ne voient que le visible, j'allais tout perdre.

Ces quelques jours de la longue intervention chirurgicale sous la menace permanente d'une occlusion intestinale sont un trou noir, de l'encre renversée sur un manuscrit. Je n'y déchiffre rien. Laissons.

Samedi

« *Nothing to do, nowhere to go* [1]. » Le premier koan que j'ai mâché dans ma pratique voilà vingt ans lâche ces jours en moi tout son suc.

Ma gratitude pour toutes ces années d'une pratique que sottement je ne trouvais jamais « à la hauteur ».

Pour la première fois je peux la palper. Je peux rester des heures et des heures, des nuits entières dans cette attention flottante pleine de frôlements, sans qu'une seule mauvaise pensée ne trouve accès jusqu'à moi. Le plus intéressant est qu'à la surprise de plusieurs médecins, je n'ai pas de cauchemars. Non seulement je n'ai pas eu de cauchemars tous ces mois, mais je n'en ai pas l'ombre tous ces divers jours.

Je ne veux certes pas nier les douleurs, la souffrance que cause le détraquement des fonctions naturelles, etc., mais les espaces d'apaisement sont multiples. L'art consiste à ne pas occuper les « espaces entre » par le ruminement des dou-

---

1. « Rien à faire, nulle part où aller. » Un koan est une brève phrase-énigme dans la tradition zen du bouddhisme qui, après une longue pratique, révèle son au-delà de toute logique apprise.

leurs traversées ou par la crainte de celles qui vont suivre.

Aussi la récolte est-elle déjà riche dans ce début d'aventure. Je suis gagnante même si je perdais tout aux yeux de ceux qui ne voient qu'un côté du monde.

Il est vrai que j'ai reçu un sacré don avec la naissance : celui de tout magnifier. Il ne m'a jamais tout à fait quittée et je le retrouve dans cette allégresse profonde qui, malgré tout, m'habite.

Ce don, le Nazaréen l'avait aussi en partage. Un épisode cité dans le Coran le montre débouchant sur un chemin où gît un chien crevé en état de putréfaction. Les apôtres se demandent non sans malice quel va bien pouvoir être le commentaire du Christ. Devant la charogne, il s'exclame simplement : « Comme ses dents sont blanches ! »

Notre devoir le plus impérieux est peut-être de ne jamais lâcher le fil de la Merveille. Grâce à lui, je sortirai vivante du plus sombre des labyrinthes.

Dimanche

Quand je laisse paisiblement se dérouler ma vie, le plus saisissant est que rien mais vraiment rien ne m'y apparaît vain ou regrettable.

Quelle force cela donne ! Il est vrai que j'ai passé nombre d'heures ces derniers temps à

« m'asseoir » dans les zones d'ombre de ma vie, dans les relations d'amitié ou d'amour dont le fruit était resté sec, et j'ai attendu sans esquive que ces « bleus » se résorbent dans les tissus de l'âme comme se résorbe la trace des coups reçus dans la chair. Je tente de ne surtout rien esquiver. Je m'accompagne partout où l'âme me mène.

Toujours se présentent des moments merveilleux où je suis touchée dans une profondeur inconnue.

Ce matin je suis allée à la messe. J'ai eu de la peine à tenir mon corps debout et assis sur le banc de bois. Jamais je n'ai entendu jouer plus faux de l'orgue ni chanter plus faux, et pourtant ce prêtre noir qui lisait si mal l'allemand et son jeune acolyte m'ont émue.

Surtout, surtout ne pas m'enfermer seule dans mon corps !

« Des myriades de cieux et de terres partagent avec moi le même corps. »

Oui, ma maladie a ouvert une incroyable brèche : un prodigieux champ de transformations pour beaucoup d'autres que moi (tant d'êtres, Giorgio, Dorian, Raphael et tous les miens, frères et amis…).

C'est incroyable !

« Je n'en finis pas de commencer ma vie ! Quand je pense qu'il y en a qui n'attendent pas d'avoir vingt ans pour commencer leur mort ! » (Maurice Béjart).

A voir le jaillissement de vie et d'intensité qui a lieu autour de moi, j'en viens à me demander en souriant si je n'écrasais pas de ma vitalité extrême ceux qui m'entouraient.

Oui, ma maladie ouvre des espaces inattendus pour beaucoup d'autres et tant pour mes plus proches que pour les amis d'âme et de cœur. C'est incroyable. Une force semble se réveiller qui leur dit : désormais il n'y a plus à tergiverser ni à faire antichambre : il faut entrer en VIE et sur l'instant !!!

Tout ce que je rêvais se réalise ! J'étais en somme, si je peux le dire avec quelque humour, le dernier obstacle à ce bondissement de conscience.

L'intelligence de la vie me bouleverse, et son agilité paradoxale !

Lundi, 9 h 30

Après-midi difficile : beaucoup de douleurs, mais aussi de grands moments : les fils !

Pendant les longues thérapies, régulièrement ils sont auprès de moi.

Chacun tient une de mes mains dans les siennes, tandis que Giorgio berce mes pieds avec tendresse. Ainsi, nous formons une barque rêveuse au fil des heures.

Mardi, 7 heures

A part le ventre bloqué et douloureux, je me sens très bien, très entière ; je chante haut en accompagnant les Impromptus de Chopin : chaque jour est un bon jour.

Vaincre la mort, vaincre la maladie : grotesque et arrogant ! Dira-t-on de quelqu'un qui a repoussé son déjeuner de deux heures qu'il a vaincu la faim ou de quelqu'un qui prolonge sa soirée de deux heures qu'il a vaincu le sommeil ?

Si je dois survivre de quelques mois ou de quelques années... et même de quelques décennies, sait-on jamais, je n'aurai pas vaincu la mort, je l'aurai totalement, amoureusement intégrée. Voilà la vérité, elle est douce à dire.

Tout à l'heure la jolie jeune femme médecin m'a prélevé du sang et installé une perfusion. L'aiguille a causé une douleur vive mais il n'y avait personne pour souffrir ou sursauter ; je ne sais comment exprimer cette expérience autrement. Il

y avait bien tout cela mais personne pour en souffrir, c'était une conscience aiguë et joyeuse.

Le Dr W. est venu, délicieux. Il m'a dit : « Je
suis reconnaissant de notre rencontre. »

Il a commencé de m'expliquer des détails
épouvantables ; je lui ai dit de ne pas me raconter
et que je lui faisais confiance.

Il a alors ajouté : « *Es gibt Menschen für die
Normen nicht gelten.* » « Il est des êtres pour qui
les normes ne sont pas agissantes. »

Les oiseaux de quelque poète arabe passent à
tire-d'aile dans mes yeux !

« Nous survolons les continents et les océans,
les déserts et les forêts et quand nous abordons
le pays qu'on nomme la mort, alors nous ouvrons
les ailes plus grand encore et le traversons d'un
seul élan. »

Un rêve :
Une salle pleine. Je suis debout devant tous,
les bras grands ouverts ; tout mon corps vibre du
désir d'exprimer quelque chose de plus grand
que moi. Impuissance douloureuse ; soudain de
longues mèches de cheveux blancs pendent à
droite et à gauche de mon visage : j'ai le visage
de Léonard de Vinci, le visage de son autopor-
trait en vieil homme et je pleure. Mes bras dégou-

linent d'eau comme une fontaine et je balbutie :
« Frères humains, comment vous faire comprendre ce qu'est l'eau ! L'eau ! Vous faire comprendre le caractère précieux de l'eau ! De l'EAU ! »
Mon corps tremble.

Autre lieu de rêve :
Une femme s'éloigne avec de la viande et du
foin « pour les moutons ».
J'entre dans une grande colère en lui disant :
« C'est ainsi que les vaches sont devenues
folles, en mangeant une nourriture qui n'était pas
pour elles. »
Un jeune homme assis en short me dit :
« Vous apportez plus de grincements et de dis-
sidences par vos paroles que cette femme par son
acte. Les moutons ne mangeront pas sa viande. »
La toux me réveille.

Matin après nuit triste et dure. Caroline fait
ma toilette avec amour, je lui caresse le bras en
disant merci. Elle me dit : « Vous le méritez. »
Les roses jaunes de Séverin, les Impromptus
de Mozart, profondeurs vertigineuses du cœur.
La souffrance physique. Ses abysses, impossible
de se l'imaginer. Impossible. Aucune compassion
aussi forte soit-elle ne l'atteint, il faut l'avouer !
J'ai été vaincue à plate couture.
Je n'ai rien à prouver à personne, et pourtant

je ressors entière et lumineuse : je n'ai pas perdu dans tous ces *salto mortale*, ces chutes libres, ces dégringolades vertigineuses, le fil de la Merveille. Je n'ai pas perdu le fil de la Merveille.

L'important n'aura pas été pour moi de guérir à tout prix, mais d'expérimenter le feu foudroyant de cette expérience de vie, de me laisser évider par la foudre, de saisir un pan peut-être du terrifiant mystère de la souffrance physique et de voir si on peut en sortir vivant.

Mon expérience est qu'on le peut et que, guérie ou non guérie, je suis dans la pulsation de la vie. Elle est si intense que je la sens dans mes doigts en écrivant : j'ai vu ce que je voulais voir, et je suis comblée.

C'est tout.

J'ai fait du lieu où je me tiens un haut lieu d'expérimentation du vivant.

C'est un choix sur lequel on ne revient pas, en disant : ce morceau-là, je le prends ; celui-là, je ne le prends pas !

Les Vivants n'ont pas d'âge. Seuls les morts-vivants comptent les années et s'interrogent fébrilement sur les dates de naissance des voisins. Quant à ceux qui voient dans la maladie un échec ou une catastrophe, ils n'ont pas encore commencé de vivre. Car la vie commence au lieu où se délitent les catégories.

J'ai touché le lieu où la priorité n'est plus ma vie mais LA vie. C'est un espace d'immense liberté.

A ceux qu'ils aiment, les dieux donnent TOUT. Sublime et terrifiant adage.

J'écris à Germaine qui me croyait invulnérable :

« Dieu merci je n'ai pas su que tu me croyais invulnérable, je me serais sentie obligée d'être à la hauteur ! Quelle servitude ! Mais quelle liberté lorsque les images volent en éclats ! Ne sommes-nous pas alors irrémédiablement précipitées dans les bras l'une de l'autre ? »

On peut bien sûr être malade, cruellement malade pour avoir confirmation de sa malchance et toutes les raisons de se lamenter. Beaucoup vivent la maladie comme une pause douloureuse et malsaine. Mais on peut aussi monter en maladie comme vers un chemin d'initiation, à l'affût des fractures qu'elle opère dans tous les murs qui nous entourent, des brèches qu'elle ouvre vers l'infini. Elle devient alors l'une des plus hautes aventures de vie.

Si tant est que quelqu'un veuille me la disputer, je ne céderais pas ma place pour un empire. D'ici je vois plus loin dans la vie et dans la mort que je n'ai jamais été en mesure de le faire. La vue est imprenable et donne le vertige. Ainsi en apprenant tout à l'heure que Titi, une amie de Dorian, avait donné le jour à Johannes, j'ai pleuré comme on pleure peut-être pour sa propre fille. Je ne fais plus la différence, ou plutôt mon corps ne fait plus la différence entre mien et tien.

> Les parois cèdent
> Tous les barrages cèdent
> L'amour envahit tout.

Je sais, bien sûr, que si je dois vivre encore, cette porosité se refermera, mais l'avoir vécu rend la vie à tout jamais sacrée.

J'ai la preuve que tout n'est qu'amour. Tout ce que je savais du bout des lèvres, aujourd'hui je suis en passe de m'y noyer.

Jeudi 21 septembre

Amis qui m'écrivez, une cascade bruissante et ininterrompue se déverse de vous à moi. Si je sais rester et patienter, alors un immense lac bleu et profond va bientôt s'étendre là où je me tiens.

Aujourd'hui jeudi, je suis dans la gratitude.

Hier je n'étais pas même en mesure de griffonner quelques mots. J'ai traversé « la nuit du corps », la réplique charnelle de « la nuit de l'âme » de saint Jean.

Labouré de crampes, mon pauvre ventre gardait obstinément sa boue. La douleur des plaies s'y ajoute et tout le reste. Passée entière au papier de verre, j'étais comme un animal qui se cache pour passer. Forte expérience et toute « la tentation du désespoir » qui m'assaille, la plus violente des tentations, la plus redoutable de toutes.

Au matin, cette lettre de Beatrix d'A. avec un poème de Rumi :

« Notre caravane ne s'appelle pas désespoir ! »

Quelle réponse du fond des temps !

« Je t'apporte quelques nouvelles du monde vrai. Je viens te parler de Rumi », me dit-elle

Je n'ai rien écrit de toute la journée. Une doctoresse vient me trouver me demandant ce que j'envisage de faire après l'hôpital ; elle s'étonne de ce que je ne veuille pas rentrer.

Il y a des moments où l'âme empalée au corps agonise.

Enfer de la souffrance. Enfer jour après jour.

Mercredi 27 septembre, midi

Bribes de réponses à des lettres :

« Amis, ne vous intéressez pas à ma "maladie" vous la maintiendrez dans un état de solidité. Que seules ses métamorphoses soient accompagnées de votre amitié ! »

« Et si j'ai occupé dans la vie de certains une place lumineuse, le sens de l'aventure est désormais de la remplir vous-mêmes : soyez ce qu'en moi vous avez aimé. »

Demain vendredi,
je serai sans nausée, j'aurai faim, mon énorme ventre se sera dégonflé... et je serai libre pour TA louange.

Journée terrible
Nuit terrible
Ventre calciné

Flammes. Lombaires déchiquetées.

Samedi

Sarah téléphone.

Demain Yom Kippour, le jour du Grand Pardon, je pleure. DEMAIN, Sarah !

Giorgio mon amour vient avec le disque de la *Gayatri Mantra*, un des mantras les plus puissants de l'Inde. A la fin je crois me disloquer, c'est trop ; je lui demande d'agiter une serviette dans la chambre, pour faire circuler cette énergie ; je suis mieux.

Une doctoresse du Nigeria, sœur J.M., m'apporte une perfusion. Je lui demande de me bénir. A cet instant Padre Pio [1] est comme présent dans la pièce, je pleure.

Giorgio pleure pendant tout le rituel de thérapie.

Puis nous rêvons nos vies à haute voix. L'existence, dit-il, se déroule à deux niveaux entièrement distincts. Au premier degré, nous nous agitons comme des somnambules. Actifs, intenses, efficaces, mais comme en marge de nous-mêmes. Et pourtant tout ce que nous vivons s'inscrit jusqu'au plus délicat des détails dans la plus précise des chroniques.

Puis, voilà le second niveau : dans cette chronique-là, tout demeure mystérieusement conservé.

Pour illustrer ces paroles de Giorgio, je prends en main la photo sur ma table de nuit et où on me voit radieuse entre mes deux fils.

---

1. Padre Pio (1881-1968) : saint stigmatisé.

« Tu te souviens ?

– Bien sûr ! »

Mon cœur sourit d'aise. Nous avions fait une excursion en Tchéquie au superbe château de Krummau, les garçons n'avaient cessé de rechigner, de gronder, de trouver cette excursion languissante et sans intérêt.

« Regarde ! Sur cette photo, nous évoluons dans un espace poétique et délicieux. »

Excursion d'été en Tchéquie avec deux fils ! Il en reste comme une poudre d'or sur les doigts ; toute la grâce est là dans le halo d'une après-midi bleutée et dans mon regard noyé de fierté. Ainsi, ce qu'au premier degré nous ne vivons pas, pris que nous sommes au filet des humeurs, se vit dans une profondeur qui ne risque aucune altération. Comme Giorgio a raison et comme tous ces trésors bien à l'abri dans les bulles de l'ambre n'ont rien à craindre ! Est sauvé depuis toujours ce que nous avions pourtant vécu avec tant de négligence ! Quelle immense compassion a la vie pour nous !

Mercredi 4 octobre

En ce dernier jour de traversée, clarté, tempête.

En posant l'aventure en termes de maladie et de guérison, on fait totalement fausse route. Je n'ai pas eu de maladie et je ne guéris de rien. J'ai traversé un violent procès alchimique. C'est tout. Et je continue de le traverser !

Extraits de réponses à des lettres :

« Votre amour à tous ne m'a pas guérie, il m'a fourni assez de produit ignitif pour que l'alambic travaille aussi longtemps. Il fallait assez d'énergie pour aller jusqu'au bout de la combustion, c'est à cela que vous avez contribué. C'est ça le miracle. En général tout cesse faute de combustible. J'ai brûlé jusqu'à la dernière cellule. Cet anéantissement est accompli.

Et que personne ne prétende que "j'y ai survécu" ou que "j'ai traversé" ou quelque fadaise contemporaine : je n'y ai pas survécu, J'Y SUIS RESTÉE. Le mystère est plus grand. Je ne sais si Christiane est là, ni si elle revient pour longtemps ou non, peu importe. Mes cellules témoignent de la jubilation de la mort traversée. »

« Vous me faisiez crédit. Maintenant je suis devenue celle que vous aimiez. »

Baal Chem Tov : « J'aime chacun de vous comme peut-être l'un ou l'autre, son fils unique. »

Voilà que cette phrase qui me paraissait arrogante s'ouvre tout grand pour moi : c'est ce que je ressens à tout instant face même à des inconnus : l'amour me submerge.

Derrière l'incommensurable souffrance, j'ai vu l'abîme sans fond de la tendresse des mondes.

« What has to give light, has to burn ! » Viktor Frankl[1].

Extrait de lettre : « Ne vous fiez pas aux apparences, même si je ne suis pas parmi vous, j'y suis plus que jamais par l'intensité du Cœur. »

Tant de grands moments ici : d'abord la visite de Ulli H.D., le père supérieur de Heiligen Kreuz. Il est ce jour-là translucide comme de la nacre.
Un instant, deux mille ans de mémoire baignent la pièce. Une densité qui coupe le souffle.
Puis la visite de Pater Gregor de Stift Zwettl : « Je viens vous consoler et c'est vous qui me consolez », me dit-il.

Toute ma vie, une seule nostalgie : partager ce dont je fais l'expérience, ce que je vis !
Maintenant cela ne fait pas exception, je n'ai pas d'autre choix que le partager. Le lieu que j'occupe est un haut lieu d'expérimentation du vivant. Rien qui m'appartienne en propre.

---

1. « Ce qui doit donner de la lumière doit brûler ! » Viktor Frankl : fondateur de la logothérapie (1905-1997).

Rien. Tout est expérience qui nous concerne tous.

28 octobre

J'apprends que j'ai reçu le prix de la Langue française pour mon œuvre.

Pierre-Jean Rémy, ce merveilleux ami à l'adolescence inlassable, me l'annonce. Je suis, de mon lit, appelée au téléphone par Bernard Murat, le maire de Brive, Robert Sabatier, Bernard Pivot, Hélène Carrère d'Encausse... Situation saugrenue et délicieuse.

En toute hâte, j'improvise un petit texte puisque je ne pourrai pas aller chercher le prix, et que ce sera Claire Delannoy qui mènera le débat avec Antoine Spire. Elle le fera avec une chaleur et un engagement dont on m'a donné maint écho.

« Un jour sur ses longs pieds allait je ne sais où
Le héron au long bec emmanché d'un long cou... »

Et voilà qu'avait surgi devant mes yeux, j'avais cinq ans, un animal que je n'avais jamais vu auparavant. Une vingtaine de mots lus à haute voix par l'institutrice avaient créé ce miracle. Je remontais vers chez nous du Vieux Port à la rue de la République, le volatile à mes côtés.

« Un jour sur ses longs pieds... », je tremblais sur tout le corps. Je date de ce jour la conscience que je tenais désormais le fil magique qu'il suffit de tirer et de dérouler pour faire surgir l'entière création. Ce fil-là, je ne l'ai plus jamais lâché. Née sous les bombes et les affres de l'errance et de l'exil j'avais désormais trouvé ma patrie : la langue française. J'avais touché terre ; jusqu'à aujourd'hui dans les nuits les plus sombres de ma vie, celles qu'une aventure vertigineuse appelée maladie m'a fait traverser, ce sont encore les mots qui ont coulé sans relâche de ma bouche et ont tissé des heures durant comme un filet de lumière qui me retenait de tomber dans l'abîme de la mort. Ce sont des centaines de vers et ces pages de prose apprises par cœur qui m'habitent et m'ont fait écrivain. Souvent je ne fais en écrivant que suivre la lumineuse glissée de la langue qui capte elle-même ce qu'à peine j'ose penser et dire. Servir cette langue a anobli mon existence.

Ah, comment dire en quelques lignes ce qui a été ma passion de la langue et qui continue de l'être ? N'ai-je pas appris l'autre jour pour le seul plaisir de la bouche une autre fable et passé l'après-midi à la « mâcher », à m'en régaler ?

> « Du palais d'un jeune Lapin
> Dame Belette un beau matin
> S'empara ; c'est une rusée... »

Mon plus grand bonheur eût été à l'occasion de ce prix de partager avec les jeunes immigrés en France l'expérience que j'avais faite enfant, impérieuse et déterminante : « Ne cherche pas une nouvelle patrie dans l'espace, elle est dans la langue. Contre toute attente et toute espérance, un immense patrimoine t'attend sous scellés. »

Comment nous contaminer les uns les autres de ferveur et de vie ? Voilà la question qui me hante et qui m'a menée si souvent, le cœur battant, à la porte des classes d'école.

3 novembre

Coup de téléphone donné par Christiane de sa chambre. Elle s'adresse ainsi à un auditoire de mille personnes pour l'ouverture du forum de Terre du Ciel « Bâtir une civilisation de l'amour » au palais des Congrès d'Aix-les-Bains.

C'est du fond de mon lit que je vous parle, et si je ne suis pas en mesure de m'adresser à une grande assistance, c'est à chacun de vous, à chacune de vous que je parle au creux de l'oreille. Quelle émotion ! Quelle idée extraordinaire a eue Alain d'utiliser un moyen aussi simple, un téléphone, pour me permettre d'être parmi vous !

Maintenant ces quelques mots.

J'ai toujours partagé tout ce que je vivais ; toute mon œuvre, toute mon écriture, était un partage de mon expérience de vie. Faire de la vie un haut lieu d'expérimentation. Si le secret existe, le privé lui n'a jamais existé ; c'est une invention contemporaine pour échapper à la responsabilité, à la conscience que chaque geste nous engage. Aussi, je voudrais simplement vous parler de ce que je viens de vivre.

Ma dernière aventure. Deux mois d'une vertigineuse et déchirante descente et traversée. Avec surtout le mystère de la souffrance. J'ai encore beaucoup de peine à en parler de sang-froid. Je veux seulement l'évoquer. Parce que c'est cette souffrance qui m'a abrasée, qui m'a rabotée jusqu'à la transparence. Calcinée jusqu'à la dernière cellule. Et c'est peut-être grâce à cela que j'ai été jetée pour finir dans l'inconcevable. Il y a eu une nuit surtout où j'ai dérivé dans un espace inconnu. Ce qui est bouleversant, c'est que quand *tout* est détruit, quand il n'y a plus rien, mais vraiment plus rien, il n'y a pas la mort et le vide comme on le croirait, pas du tout.

Je vous le jure. Quand il n'y a plus rien, il n'y a que l'Amour. Il n'y a plus que l'Amour. Tous les barrages craquent. C'est la noyade, l'immersion. L'amour n'est pas un sentiment. C'est la substance même de la création.

Et c'est pour en témoigner finalement que j'en sors parce qu'il faut sortir pour en parler. Comme le nageur qui émerge de l'océan et ruisselle encore de cette eau ! C'est un peu dans cet état amphibie que je m'adresse à vous. On ne peut pas à la fois demeurer dans cet état, dans cette unité où toute séparation est abolie, et retourner pour en témoigner parmi ses frères humains. Il faut choisir. Et je crois que, tout de même, ma vocation profonde, tant que je le peux encore – et l'invitation que m'a faite Alain, l'a réveillée au plus profond de moi-même ·, ma vocation profonde est de retourner parmi mes frères humains.

Je croyais jusqu'alors que l'amour était reliance, qu'il nous reliait les uns aux autres.

Mais cela va beaucoup plus loin ! Nous n'avons pas même à être reliés : nous sommes à l'intérieur les uns des autres. C'est cela le mystère. C'est cela le plus grand vertige.

Au fond je viens seulement vous apporter cette bonne nouvelle : de l'autre côté du pire t'attend l'Amour. Il n'y a en vérité rien à craindre. Oui c'est la bonne nouvelle que je vous apporte.

Et puis il y a autre chose encore. Avec cette capacité d'aimer, qui s'est agrandie vertigineusement, a grandi la capacité d'accueillir l'amour. Et cet amour que j'ai accueilli, que j'ai recueilli de tous mes proches, de mes amis, de tous les êtres que, depuis une vingtaine d'années, j'accompagne et qui m'accompagnent – parce qu'ils m'ont certainement plus fait grandir que je ne les ai fait grandir. Et subitement toute cette foule amoureuse, toute cette foule d'êtres qui me portent ! Il faut partir en agonie, il faut être abattu comme un arbre pour libérer autour de soi une puissance d'amour pareille. Une vague. Une vague immense. Tous ont osé aimer. Sont entrés dans cette audace d'amour. En somme il a fallu que la foudre me frappe pour que tous autour de moi enfin se mettent debout et osent aimer. Debout dans leur courage et dans leur beauté. Oser aimer du seul amour qui mérite ce nom et du seul amour dont la mesure soit acceptable : l'amour exa-géré. L'amour démesuré. L'amour immodéré.

Alors, amis, entendez ces mots que je vous dis là comme un grand appel à être vivants, à être dans la joie et à aimer immodérément.

Tout est mystère. Ma voix va maintenant lentement se taire à votre oreille ; vous me ren-contrerez peut-être ces jours de congrès errant dans les couloirs car j'ai de la peine à me sépa-rer de vous.

La main sur le cœur, je m'incline devant chacun de vous.

7 novembre

Tous ces jours, j'éprouve le malaise profond d'être dans le corps d'un autre. Je ne reconnais plus rien.

Visite de Roman, l'ami d'Alfred.

« Tu verras, m'avait dit Alfred, il t'aidera sim-plement par sa présence. »

La rencontre a été naïve, décevante au début, puis subitement étonnante. Je l'ai accueilli dans toutes mes cellules. J'ai laissé couler en moi l'amour infini que j'avais ressenti au pire de ma descente. Je l'avais laissé dehors sans le savoir, saisie d'une sorte de terreur. C'était trop immense.

Maintenant je l'ai laissé ruisseler.

Ainsi, ce sont des aides inconnues qui nous permettent de saisir ce que nous avons, la première fois, laissé s'échapper.

Le soir, 9 novembre, Musikverein

Je suis invitée par mon amie l'actrice Mijou Kovacz à présenter *Une passion* dans la fort belle traduction allemande de Wieland Grommes.

La soirée a lieu dans la grande salle de Cristal du Musikverein à Vienne. Je tremble un peu. Me vêtir me coûte plus d'une heure à l'hôpital. Y parviendrai-je, moi qui tiens à peine debout ?

Les forces me reviennent quand je suis devant mes frères humains !

Rentrée seule en taxi pour ne pas priver les miens du spectacle, j'étais déçue de moi-même. A la fin de mes paroles, tout m'avait paru devenir pâteux. Puis échos à l'aube où beaucoup me reflètent que c'était beau et fort ; une fragilité extrême et une grande énergie d'amour débordaient de moi. Ce manque de compassion et d'indulgence envers moi-même me choque et doit cesser. Giorgio me dit : « Tu n'as plus à faire le moindre effort, à ajouter la moindre émotion, ta présence seule est le message. »

Conversation avec Dr W., « mon » chirurgien, une de ces grandes rencontres de bonheur ici à l'hôpital. Il me raconte à sa manière ce qu'il a vécu durant cette soirée : le même éboulement des entrailles qu'à la fin du deuxième acte de *Tristan* quand Richard Wagner détruit l'échelle harmonique dans une incroyable dégringolade atonale et quand le héros solaire, celui que chacun de nous est à la vérité, sans cesse exposé aux regards de l'autre, se trouve précipité dans la nuit des femmes, cette nuit abyssale ! Il n'en ressort que pour le « drame » cosmique de la naissance. Explorer sa propre œuvre au bras d'un ami est une grâce.

Avec chaque nouvel état d'être, me dit Raphael, nous réécrivons notre passé.

Je n'ai hélas pas la force de transmettre la profondeur de mes dialogues avec ce fils ; il m'ouvre sans cesse des arrachées.

Son jeune esprit perçoit des passées et des trouées là où je n'en soupçonnais plus.

Ainsi, lorsqu'il me fait remarquer combien, dans chaque nouvel état de conscience et d'expérimentation du vivant, la perspective sur le passé est modifiée. Il faudrait en vérité scrupuleusement tout réajuster de neuf.

Ma Catherine aimée m'apporte un livre sur Jeanne Guyon, qui passait toujours comme un fantôme familier dans mon âme racinienne de seize ans et dont je découvre aujourd'hui pourquoi : n'est-elle pas ma sœur en excès ?

« Dieu ne veut notre mort et notre abandon que pour nous rétablir dans la jouissance » (!!!).

Lorsqu'elle est en proie à l'écriture, Guyon se compare à « ces mères trop pleines de lait ». L'écrit est ce qui jaillit de l'abondance du cœur et des seins des mères. De ce fonds perdu jaillit une surabondance qui exige de se répandre, une plénitude qui déborde.

S'abandonner à la dualité qui nous habite alors, quand « la transformation de l'âme en Dieu est à l'œuvre » et qu'en même temps nous restons en contact avec le monde pour pouvoir converser avec les hommes. « Ces personnes sont un paradoxe pour elles-mêmes et pour les autres : en elles, les contraires s'unissent, elles sont fragiles et inaltérables, passives et hyperactives, aimantes et indifférentes, toutes dans le divin et toutes dans le naturel, dans le vide et la plénitude, libres et soumises, anéanties et d'une redoutable spontanéité. Ce sont des oxymores vivants. Tout s'y côtoie sans mélange et sans altération, ce n'est plus un déchirement entre des aspects contradictoires – des tensions douloureuses entre des idéaux et le moi, conflits cornéliens, tourments de culpabilité, oscillation de l'ambivalence. C'est la coexistence de deux mondes étrangers l'un à l'autre, l'union "paradisiaquement assumée" non tant de deux opposés que de deux incommensurables qui réalise l'oxymore. »

Comme c'est beau !

« La mort et l'abandon ne sont pas notre fin. Dieu ne les veut que pour nous rétablir dans la jouissance.

Je nous élargis pour nous rendre apte à l'immense qui est l'autre nom de la jouissance ! »

Catherine Millot, *La Vie parfaite.*

Pour Eckhart, et c'est ce qui lui valut la condamnation papale en 1329, Dieu, étant au-delà de toute détermination, s'apparente en son fond au Néant.

« La divinité frêle est un Rien, un SUR RIEN », dira Angelus Silesius, son disciple, quelques siècles plus tard. Je jubile !

Lorsque je ne rêve pas, j'entre dans une phase d'un bonheur sans limite dans un inconnu sans fin.

Une nouvelle veine de vie a été forée : *la fille de joie* se réveille en moi.

Un politicien avait tenu tantôt le discours d'ouverture d'une manifestation où j'étais aussi. Pas un seul mot ne dépassait des quatre dents de sa fourchette. Après qu'il m'a entendue parler, il est venu me dire qu'il était prêt à assumer que quelqu'un l'ait vu pleurer à condition qu'on ne lui demandât pas pourquoi, parce que le pire était qu'il n'était pas en mesure de dire pourquoi.

Le pire était aussi dans ce cas le plus précieux.

Des lecteurs me reprochaient de ne pas parler de Dieu dans mon dernier livre.

Ils n'avaient pas tort.

J'y étais tombée entière.

Il ne restait plus personne pour dénombrer les noyés.

Courage, courage, la fin approche : Le tout-début.

Un voisin dans la chambre voisine a répété toute la nuit une question lancinante sur le même ton : « *Wer ist da ?* » et je l'entendais ainsi : quelqu'un est dans sa chambre et il demande encore : « Qui est-ce ?... qui est-ce ? »

Vers l'aube je croyais déjà entendre : « *Er ist da...* » (« Il est là... Il est là... »)

Un jour après la deuxième thérapie,
samedi 11 novembre

Même si ça ne devait pas durer, je suis dans la plus pure des joies et des libertés. Par ma fenêtre rayonne une belle croix baroque qui chevauche le toit ; puis quand je rouvre les yeux, j'ai déplacé la tête, ce sont les deux croix que je vois sous fond de ciel délicatement moutonneux. Radieuses, les croix qui unissent le haut et le bas, le jour et la nuit, le ciel et la terre, tout ce qui paraissait séparé.

Lundi 13 novembre

Je quitte l'hôpital.

Séjour dans la maison de repos de Gars reliée à un centre de médecine chinoise où vit un couple de pandas. Chaque fois qu'ils se croisent dans un tâtonnement somnambulique sur une branche maîtresse, ils échangent une paire de gifles. Il reste pourtant quelque chose de jovial dans cet échange très lent. Ils ne deviennent vraiment actifs que lorsque la nuit tombe. Mme Annie qui s'occupe d'eux leur ressemble à s'y méprendre, dans sa rousseur sino-irlandaise. Elle s'occupe aussi de moi au petit-déjeuner avec les mêmes gestes qui opèrent des choix, découpent, épluchent, décortiquent. Ainsi, je rejoins une tribu agrandie qui me comble, tandis que Mme Maria, mon autre aide précieuse, a tenu à m'apporter « la Vierge pèlerine » qui voyage toute l'année de foyer en foyer, de ferme en ferme. Chaque famille peut l'accueillir pour une étape. Ces temps, elle me tient compagnie au milieu de bouquets de vigne vierge, de cynorrhodons flambants et de lourdes grappes de perles de sureau noir que Maria vient renouveler et « draper » de neuf chaque jour. A mon départ, un arbre est planté en grande cérémonie dans le parc par les nouveaux amis que ce séjour m'a fait gagner. C'est un tilleul, l'arbre traditionnel des femmes-Reines en Bohême. Une belle inscription y est gravée sur le tronc, me raconte-t-on. Hélas je ne suis pas présente car mes forces, ce jour du départ, ne me l'ont pas permis. On me ramène à Vienne à l'hôpital.

Mercredi 15 novembre

Retour à Gars.

Si je dois vivre, j'ai la nostalgie de poursuivre à tout prix ces rencontres d'un soir dont je suis si éprise ! Ces « conférences ». Les commencer désormais par ces mots : « Allons-nous partager un moment de vie intense ? La seule chose qui m'intéresse : allons-nous partager du présent ? Du pur, du beau, du vif présent ? Voilà, voilà ! La vie comme art ! La rencontre-œuvre d'art ! Voilà. »

Je repère sur le menu du soir, dans ce beau centre biologique, des filets de perche du lac Victoria de Tanzanie. Mon sang ne fait qu'un tour. Le film admirable *Le Cauchemar de Darwin* d'Hubert Sauper, un jeune cinéaste autrichien, dénonce récemment un crime de notre temps : la destruction du système naturel, culturel et écologique d'un des plus beaux lieux d'Afrique. Le trafic d'armes contre des milliards de tonnes de poissons en monoculture forcée déverse jour après jour pour tous les marchés du monde et jusque dans ce petit village idyllique de Basse-Autriche ! Partout où faire se peut, et aussi longtemps qu'il me sera possible – ne pas faire semblant de ne pas avoir vu –, je vais causer de l'irritation mais je n'ai pas le choix, je vais aussi me faire de nouveaux amis. Dès le lendemain matin, je rencontre le directeur, les chefs de cuisine. Le film sera visionné par les employés. Je suis touchée par la rapidité avec laquelle le retournement se fait quand ne monte aucune animosité en moi.

Jeudi 23 novembre

Aujourd'hui avec des larmes dans les yeux, je demande à Dieu de me prévoir sur Terre pour son œuvre de vie, de me garder. Mon âme se redresse et sourit.

L'idée m'est devenue insupportable de souffrir de tout le mal-être impitoyable depuis des jours et des mois pour n'aller que vers la séparation. Quelque chose en moi se rebiffe : je veux pour le même prix choisir la vie !

Et je vivrai ! Mon erreur, je crains, est de dire « la vie » mais de penser au fond de moi-même : « La vie que je connais déjà… ! » Je pipe les dés.

Joëlle et Jacqueline sont arrivées hier.

Vendredi 24 novembre après-midi

Promenade avec Raphael.

J'ai moins de douleurs et moins de mélancolie que ces deux derniers jours, peut-être un petit changement s'annonce-t-il vers un mieux. Ce serait beau. J'étais lasse et sombre ces jours.

Je ne veux pas prendre le neuroleptique que m'a proposé le Dr M. Ce n'est rien pour moi. Oui, je suis mieux.

Le lendemain, je jette la boîte. Les analgésiques qui agissent sur la douleur directement me sont plus acceptables.

Lundi 27 novembre

De nouveau à l'hôpital. J'ai de l'eau dans les poumons. Triste d'apprendre qu'on regarde demain si la colonne vertébrale a une modification quelconque (douleurs violentes).

Je ne crois pas que les tissus mortifères se soient étendus encore.

Une doctoresse est venue me faire un électro-cardiogramme ; elle me dit tant de belles choses sur ma bonté que je suis touchée au plus profond. Nous nous envoyons des baisers quand elle part. Oui, je crois que la seule chose sensée à faire est d'aimer, de s'exercer jour et nuit à aimer de toutes les manières possibles.

Je lis Platon.

Mardi 28 novembre

J'étais aux anges tout à l'heure d'avoir les poumons vidés de deux litres d'eau rouge. Maintenant tout me fait mal.

Roman et Alfred sont venus rire et prier avec moi.

Mercredi 29 novembre

Je me réveille vivante. La vie se laisse palper, habiter. Je bavarde au petit-déjeuner avec ma voisine qui a bu hier les paroles de Roman. Elle a le même âge que moi et sept opérations derrière elle. Elle rit sans cesse de bon cœur.

Je vois la vie : ces toits gris qu'arpentent les pigeons, une cheminée sans fumée, un arbuste déplumé sur mon balcon et un beau bulbe vert-de-gris baroque dont la pointe est ornée d'un globe d'or d'où jaillit une croix, le clocher d'une église proche. J'entends la vie : c'est un lointain marteau-piqueur, le brouhaha des voix des infirmières dans le couloir et la rumeur tranquille du flot des voitures. Je sens la vie : c'est une respiration régulière que rythme la douleur encore vive de la ponction d'hier. C'est mon stylo qui court sur le papier dans son trot obstiné depuis que je me souviens d'être sur Terre ; c'est la sensation d'un corps sous le flot des étoffes, sensation retrouvée après trois mois d'expulsion par quelque huissier céleste.

Roman disait hier en entrant dans ma chambre qu'elle était pleine d'anges qui s'affairent autour de moi.

L'IRM a duré vingt-cinq minutes, assez éprouvantes. Sans expérience de méditation, cet étroit tunnel secoué de bruits de sirène doit être plus difficile encore à habiter : mais pourquoi pérorer ? La meilleure solution est de s'imaginer être dans le train fantôme de la foire du Trône dans un tintamarre strident et hululant ! Je suis soudain épuisée et je contemple cet épuisement comme un paysage.

Après-midi morose sans savoir pourquoi, des borborygmes à n'en plus finir – une tuyauterie percée – puis Giorgio vient : nous téléphonons à une amie allemande qui a la réputation de voir à l'intérieur des corps. Elle me fait savoir que mon âme hésite à entrer, erre hors du corps, et qu'il lui faut regagner confiance.

« Pour que Dieu t'habite, Lui as-tu construit un logement digne de Sa gloire ? » les mots de Rabbi Barouch me reviennent. Il faut refaire un corps de merveille et de joie. Nous y parviendrons ! Dansez ! Dansez ! Embrassez qui vous voudrez !

Jeudi 30 novembre

Un livre se prépare en moi. Il sera constitué de toutes ces bribes que je griffonne jour et nuit et qui s'organisent d'elles-mêmes comme limaille de fer sur un champ magnétique. Plusieurs titres trottinent devant moi.

« Heureux qui comme Ulysse a fait un beau voyage ! »

Etait-ce un beau voyage, Ulysse ? Le tien ? Le mien était parfois terrifiant et pourtant je tiens fermement au premier mot du vers de Du Bellay « Heureux... »

Je sais que j'ai toujours exagéré, provoqué,

mais toujours avec une sincérité brûlante. Je revois ma mère, née Anna Christına Wawaruschka, demi-ukrainienne, blonde et véridique et remplie à ras bord de nature, me dire à tous les âges en hochant doucement la tête : « Ma fille, pourquoi exagères-tu toujours ? »

Une fois encore, mère aimée : « Pour sauver ma peau devant la détresse, je me mets debout et au lieu de subir, j'acquiesce de toute mon âme ! »

Heureux qui comme moi a fait un terrifiant voyage, car il a reçu en présent de revenir des gouffres de la mort pour aimer et pour témoigner.

Etrangement, l'« exagération » m'a toujours paru être l'expérience parfaite. Je me suis vite aperçue que tout ce que je n'avais pas osé vivre jusqu'au bout ne me lâchait plus. Il n'est que l'expérience menée à terme qui libère. Nous sommes poursuivis toute une vie par ce que nous n'avons pas osé vivre en entièreté. Toute énergie – quand elle a été réveillée – veut voir son fruit mûr avant de se dissiper.

Nuit du 30 novembre après la thérapie

Mon âme est revenue cette nuit, jamais je n'ai été plus heureuse.

(écrit dans l'obscurité)

56

Retour à Rastenberg, samedi 2 décembre

Rentrée hier de l'hôpital. La respiration n'est pas trop bonne mais je vais tenter de faire le mieux avec le pas trop bon.

J'étais à Zwettl ce matin, j'ai acheté trois jolis chevaux de bois rouge. Je ne veux plus être triste, c'est trop ennuyeux… Je veux tout… et triste et pas triste.

Dimanche 3 décembre

Giorgio m'a acheté cinq grands cahiers d'écolier pour écrire mon livre. C'est bon. Je leur préfère néanmoins les petits carnets noirs à élastique.

A la grâce de Dieu. J'ai écrit des lettres. J'avais mal partout mais je sens pour la première fois que la joie naïve est plus forte que le malaise permanent. J'ai des tout petits moments où le malaise est écarté.

Puis téléphone de Nick et de Nini ! Géniale Nini ! Elle me dit : « Tu as écrit avec *Seul ce qui brûle* le livre le plus politiquement incorrect du monde… et le plus beau. » Elle m'ouvre les yeux. « Tu vas jusqu'au bout ; dans *Une passion*,

Héloïse n'est pas arrivée à entraîner Abélard dans l'amour, elle y reste seule en somme. Ici, Albe, dans sa radicalité d'amour, entraîne l'homme. C'est tellement lumineux. Oui, c'est bien ça, c'est le couronnement d'*Une passion.* »

Il n'est pas exclu, me fait-on savoir, que j'aie été maudite par des personnes pour qui mon travail et mon écriture étaient impossibles à supporter. Je n'exclus rien mais je ne mets de fascination en rien.

Si cela était vrai, ces êtres ont, sans le savoir, provoqué un tel maelström de lumière où ils souhaitaient de la noirceur qu'ils doivent être vus avec d'autres yeux. Qu'ils soient absous et entraînés dans le retournement. Je comprends l'intense désespoir de ceux qui croient l'entière réalité contenue dans le visible et ne supportent plus cette provocation intense que constitue, jour après jour, pour eux, une espérance soutenue.

Lundi 4, Rastenberg

Il s'est passé quelque chose aujourd'hui. Un apaisement général ; ce malaise profond a fait place à un autre état : ce matin j'étais encore faible et je soufflais en remontant de la métairie. A partir de midi je me suis sentie vivante, j'ai passé au moins deux heures debout : je parle avec M. Stütz comme autrefois, gaiement, pleine d'allant, je suis comme dans la vraie vie d'autrefois, c'est bon ! Rastenberg retrouve l'odeur de Rastenberg.

Mercredi 6 décembre

Journée dure ; l'analgésique que me procure Dorian me fait du bien : la virulence du malaise cesse. Stefanie la guérisseuse me dit que la vie crépite dans mon œil gauche, et que je vais guérir. Mon sort n'est pas aussi terrible ; pour certains, les malaises sont encore bien pires, dit-elle.

J'ai beaucoup de peine à imaginer que quelqu'un puisse prononcer pareille phrase dans l'intention d'apporter une consolation ! L'effet est radicalement inverse pour moi et la souffrance accrue.

Un florilège de textes a été composé par mes séminaristes et amis : c'est un calendrier de l'Avent initié par Michel von W. « le jardinier de mon cœur » ; il me ravit et, distribué par e-mails, suscite des réactions très chaleureuses.

Il n'y a qu'un crime, c'est de désespérer du monde. Nous sommes appelés à pleins poumons à faire neuf ce qui était vieux, à croire à la montée de la sève dans le vieux tronc de l'arbre de vie. Nous sommes appelés à renaître, à congédier en nous le vieillard amer !!! Bien des jeunes sont dans ce sens de cruels vieillards envers eux-mêmes.

A un sculpteur qui s'étonne de mon optimisme, je réponds : « Merci pour vos lignes ; oui, le pessimisme m'ennuie à mourir. Il croit si bêtement que ce qui a été va se répéter. Peut-on imaginer plus d'incapacité créatrice que cette attitude-là dont je ne serai jamais adepte ? »

Jeudi soir 7 décembre

Une journée de miséricorde.

J'ai pu goûter la vie sur la langue.

Réaliser la kénose, le don amoureux de soi !

Nous sommes appelés à sortir de nos cachettes de poussière, de nos retranchements de sécurité, et à accueillir en nous l'espoir fou, immodéré d'un monde neuf, infime, fragile, éblouissant. Naître, voilà l'invitation de Noël.

Je suis invitée à écrire l'éditorial du *Figaro Madame* pour le soir de Noël. Quelle chance de pouvoir parler de naissance à ces lecteurs que je ne connais pas encore.

Voilà le texte que j'ai composé ·

NOËL OU LE SECRET DES MONDES

Au cœur des forêts des Carpates, mes arrière-grands-parents tenaient une auberge solitaire ; on y entendait les nuits d'hiver hurler les loups.

Il n'était pas rare alors de sauver in extremis de la meute qui l'avait pris en chasse un voyageur égaré. Quand les ballots de paille enflammés en toute hâte flambaient et crépitaient jusqu'aux étoiles, les hurlements s'éloignaient.

Voilà ce que racontait ma grand-mère quand j'avais quatre ans. Elle m'a légué les loups, les forêts et la démesure en toutes choses : l'infini des terreurs et l'infini des espérances.

Aujourd'hui c'est un de ses récits qui m'est rendu.

Nuit glaciale. La forêt est profonde, inextricable. Un vieil homme hagard d'épuisement se fraie passage, une lanterne à la main. Il trébuche pitoyablement, tente de se retenir aux branches, son visage est lacéré par les pointes givrées, ses bras cruellement égratignés. Enfin sa course éperdue prend fin : dans une chaumière au milieu d'une clairière, la porte s'est ouverte. Une vieille femme se précipite et l'accueille dans ses bras. Elle le tire, effondré, le traîne jusqu'à l'âtre, le hisse dans un fauteuil à bascule. Penchée vers lui, la main sur son front, elle murmure en le berçant « oui, oui, voilà, voilà… » Elle accompagne ses gémissements de sa litanie « Oui, oui… », tisse une

61

interminable guirlande amoureuse « oui, oui… ».

Le visage du vieil homme s'apaise, s'adoucit. Les heures s'égrènent. C'est maintenant le visage d'un homme mûr et tranquille. Les heures s'écoulent encore. C'est le visage d'un homme dans la force de l'âge, puis celui d'un homme jeune qui rêve. Au blanchiment de l'aube, c'est le visage d'un adolescent encadré de mèches folles. Puis bientôt celui d'un enfant, d'un tout jeune enfant. Aux premiers rayons de l'aurore, il ouvre des yeux de nouveau-né noyés d'infini. Le cycle est accompli.

Ce récit porte en lui la quintessence du mystère de Noël. Cette nuit d'hiver glaciale, n'est-ce pas celle dans laquelle nous nous sommes tous fourvoyés, notre nuit à tous, le plus souvent cachée à la vue des autres ?

La vie nous a usés. La plus cruelle vieillesse n'est pas organique : elle est celle des cœurs. Nous sommes devenus de vieux morts-vivants, amers. L'éclat est perdu ; nos espérances sont écornées ; nous nous sommes accommodés de désespérer du monde. Trahison des trahisons.

Comment dans cette nuit du solstice d'hiver la plus interminable de l'année, la nuit des tueurs d'Hérode et des longs couteaux tirés, le retournement serait-il possible, seulement pensable ? Comment ?

C'est là l'entier mystère ; la coïncidence de l'abîme et de la cime. C'est dans cette nuit-là et dans aucune autre que le miracle va advenir. Et il advient ! Dans la nuit des femmes, la nuit de la patience infinie... « oui, oui... », la nuit des gésines, la nuit des entrailles !

Car le voilà le secret des mondes que révèle Noël !

Même si l'homme doit mourir, la vie lui est donnée pour naître, pour naître et pour renaître...

C'est la naissance qui lui est promise et non la mort.

Tous les chevaux du roi, tous les tanks et tous les bombardiers de toutes les armées du monde ne sauraient retenir les ténèbres ni entraver l'irrésistible montée de l'aube !

Il n'est plus que d'acquiescer pour qu'en toi le miracle s'accomplisse !

Heureuse naissance, oui, joyeux Noël !

Samedi 9 décembre

De nouveau le corps me lâche sans pitié : saignement urinaire, et puis blocage du diaphragme et du bas de la colonne vertébrale. Douleurs. Je suis un peu découragée ce soir, seule dans ce corps martyrisé. « Le chemin du corps », le plus terrible, me disait tout à l'heure Astrid... pourquoi ai-je choisi celui-là ? Le renouveau y est radical mais la souffrance aussi ; ce soir mon courage vacille. Pourtant j'ai pu écrire le texte pour le *Figaro Madame*, ce qui me fait une grande joie.

Hier Alain Michel[1] m'a téléphoné de la forêt équatoriale au Pérou pour me dire qu'il me lisait en pleurant. Que de cadeaux immenses !

Lundi 11 décembre

Me revoilà à l'hôpital, journée de désespoir. Je veux partir, on me persuade de rester.

Mardi 12 décembre

La détestable situation d'hier, dégoûtation et désespoir se dissolvent lentement comme brume au soleil. Je peux de nouveau exister sans effroi.

Puis venue du Dr M. qui me dit sans ménagement que la vessie est atteinte à son tour d'après la tomographie numérisée de ce matin. Je suis consternée. Ce qui entraîne quelque dureté dans sa voix : « Vous avez eu quelques jours de qualité de vie et pour le reste nous savons tous ce qu'il en est. » Il a raison, et pour-

---

1. Le fondateur d'« Hommes de Parole ».

tant les choses auraient pu évoluer différem
ment... L'auraient-elles pu vraiment ? Il n'était
pas question, voilà quelques jours encore, de vessie atteinte.

Néanmoins chaque fois qu'une nouvelle sévère
me parvient pour de bon (ma première réaction
est un moment d'en douter), je sens que je grandis, *oui que je grandis...* je ne peux l'exprimer
autrement.

Sur ce, le Dr W. vient comme un ange et me
console puisque je n'ai plus besoin de l'être vraiment.

Mercredi 13 décembre

Les anges m'ont offert une bonne nuit avec un
analgésique nommé Z. Merci à son inventeur !
J'ai retouché l'entièreté de l'être, la profonde gratitude qui m'habite quand la souffrance ne me
ronge pas.

Comme la patience me lâche vite quand ce
dégoût profond est là ! C'est une sensation indé-
finissable et très laide.

Cette nuit, je me suis ménagé de grands espaces pour aimer. Je ne sais l'exprimer autrement.

J'ai fait défiler dans mon cœur une multitude

d'êtres rencontrés sur Terre de Mme Agnel à Mme Arnos, mes institutrices, jusqu'à l'infirmière de nuit et je les ai habillées d'amour pour qu'elles aient chaud, pour que le monde ait chaud ; c'est un merveilleux apprentissage. Je veux le poursuivre à jamais, et de temps en temps apprendre à tourner ce vent chaud vers la femme maigre et alitée qui tient la plume ; aujourd'hui elle me touche dans son obstination à enchanter le monde, à éclairer les ténèbres.

Après-midi, endoscopie, nouvelle triste, c'est quand même le Dr M. « qui a raison » : la tumeur a traversé la paroi de la vessie ; étrangement, je suis paisible. Il ne faut pas en savoir trop. Pour l'instant je ne souffre pas, alors mon âme est douce et enrobe le monde de sa tendresse, et il fait bon vivre en compagnonnage avec cette âme, que dire de plus ? Il est évident que tout peut basculer dans la détresse, que le tapis peut m'être tiré sous les pieds. Ma foi est fragile. Ou plutôt mon accès à ma formidable foi peut être barricadé d'un instant à l'autre. Ma prière : « Mon Dieu, donne-moi accès à cette foi démesurée qui m'habite afin que je puisse témoigner, malgré tout, de la splendeur de cette vie. »

Depuis hier me revoilà à l'hôpital à cause de violents saignements de la vessie : expérience pénible de martyre et d'abandon cette nuit ; cette sonde épaisse m'empalait vivante. Il y avait quelque chose de terrifiant dans ma corporalité, de destructeur, d'horrifiant ; j'ai hurlé dans mon cœur pour appeler à l'aide le Christ : Sauve-moi ! Fais un miracle ! Puis j'ai appelé de toute mon âme Padre Pio ; j'ai mendié comme une malheureuse. Oui, pour la première fois, j'ai supplié qu'un miracle se produise ; la nuit a été lente et difficile. Me voilà au matin. J'ai senti sur la langue le miel du petit-déjeuner : surprise inattendue, c'était bon.

Y a-t-il un ciel après l'enfer ? Mes yeux s'embuent.

Il est midi.

La matinée s'est égrenée. Le temps coule comme la solution de sel qui sans relâche lave ma vessie. Patience : la clef de l'univers, patience, le chemin de l'humilité absolue, une minute après l'autre, un inspir après l'autre. Pas un pas ne sera sauté, pas un seul. Cécily était là à huit heures avec une tendresse infinie, une compassion sans limite, puis Cathy comme la mère Noël chargée de cadeaux, un ange. Et pourtant le temps reste un fleuve de lave sulfureuse et lente qui n'avance que par bavements successifs, un long voyage immobile, semble-t-il. Un jour cette nuit sera traversée et tout apparaîtra comme un cauchemar rudimentaire zébré de grâce.

C'est dimanche
Nuit de transfusion de sang.
Peu dormi. Mal dans tous les os du dos.
Dimanche cruel, cruel...

Mardi 19

J'avais perdu toute confiance.

Aujourd'hui est venu Roman, cet archange ami d'Alfred. Il m'a remis dans la confiance. Mon cœur était brisé, émietté. Je n'étais que râle après le martyre de ces trois jours, j'avais perdu tout contact avec autre chose que la souffrance. La sonde m'a été maintenant enlevée, je suis en observation.

Roman m'a remise dans le tourbillon de l'amour. Je n'ai rien à craindre. Je peux quémander un miracle sans en avoir honte. Désormais place-toi au premier rang des suppliants : cela me fait joyeusement rire. Sors de ta fierté, c'est le dernier obstacle ! L'entier Nouveau Testament n'est que miracle : Zacharie invite Jésus dans sa maison ; tout le monde accourt. Impossible d'entrer pour aller jusqu'à lui. Arrivent quatre hommes portant un paralytique. Ils montent sur le toit ! Y ouvrent un trou en enlevant les tuiles et descendent le brancard aux pieds de Jésus. Ils traversent la RAISON en traversant le toit, vont vers la folie de la foi qui guérit.

Mon vieil ami et maître zen, Richard Baker Roshi, me téléphone ce matin à neuf heures de Fribourg ! Gratitude infinie ! Il me dit : « *If you die, the most important is to die intentionally ; for Zen it's the most important ; don't be pressed into it, but do it intentionally.* » Ne pas subir au dernier moment mais choisir ! Merci Richard. « Mais ne meurs pas encore, me dit-il, Marie-Louise a rêvé de toi comme d'un centre de l'univers ; nous t'aimons. *I close my arms around you.* » Quel cadeau ! Quelle générosité de la vie ! Quel grand jour !

Me vient soudain l'image de ce fameux marin corsaire irlandais Stortebecker qui fut fait prisonnier par l'armée anglaise avec tout son équipage et condamné à être décapité. Il demanda qu'on le laissât avancer, *une fois décapité,* aussi loin qu'il en serait capable *entre ses marins ali-*

gnés, et que tous ceux qu'il aurait dépassés fussent rendus à la liberté. Marché conclu dans un grand éclat de rire. Sa détermination était si forte qu'il s'élança, une fois que sa tête eut roulé, et serait allé jusqu'au bout de la rangée si un officier anglais ne lui avait pas fait un croc-en-jambe.

Voilà la force qui m'animait ces derniers mois de la fin du printemps à la fin de l'été (de mai à fin août), je savais profondément atteinte la vie en moi (si je suis vraiment sincère, je savais déjà que ma tête avait roulé). Mais je continuais d'avancer néanmoins sans relâche, dans cette même intention obstinée : « Un de plus, un de plus ! » J'avais la grâce totale d'ouvrir les cœurs, de rendre les êtres à eux-mêmes. Un de plus ! Un de plus !

Oui je trouvais irrésistiblement la fente dans l'armure, un de plus, un de plus... et dans cette conférence de clôture où tous les yeux étaient noyés de larmes, je me suis sue arrivée, là où j'avais rêvé d'être, j'étais. Alors, alors seulement il y eut le croc-en-jambe.

Je savais bien que ce n'était pas moi qui étais à l'œuvre dans le travail de grâce depuis des mois, mais j'étais devenue un passage privilégié de cette grâce. Arrêter ce fleuve me paraissait impossible, intolérable, pire : irresponsable ! Par moi-même, je n'étais plus en mesure d'en arrêter le cours.

Mercredi 20 décembre

Jour de nuit et de clarté. Un jeune urologue me rend visite et m'explique mon état ou plutôt l'état des faits. Etrange : je ne me souviens plus de rien, sinon qu'une sensation d'immense clarté m'a envahie : dans l'ordre des choses humaines, les jeux sont faits. Un ordre restreint certes que « cet ordre des choses médicales ». Mais c'était pour moi un étrange soulagement. Je n'avais donc plus cette monstrueuse responsabilité de me maintenir en vie !

Je peux lâcher pour de bon sans me sentir démissionnaire. Une force plus grande est à l'œuvre devant laquelle je peux aussi m'incliner. Toute la journée, cela m'a donné de la force. Cécily me racontait le cri de bête blessée qu'a poussé Axel quand elle lui a dit quelques mois avant sa mort de leucémie : « Ton destin est entre tes mains ! Tu peux encore tourner le gouvernail ! » Pareille remarque n'est qu'une violence de plus envers celui qui est entré dans l'acceptation.

Je sens clairement que je m'éloigne. Si c'est le cas, voilà les mots que j'aimerais sur mon tombeau et mon faire-part :

« J'ai tant aimé ce monde où habite Ta gloire. »
« *So sehr habe ich diese Welt geliebt, in der Deine Herrlichkeit wohnt.* »

Une longue conversation avec mon Giorgio bien-aimé.
Tout est entier.
Il ne manque rien.
Si je dois aller, tout est parfait.

Ma dernière prière : ne soyez pas déçus que la mort ait en apparence vaincu ; ce n'est que l'apparence, la vérité est que tout est VIE, je sors de la vie et j'entre en vie. Ah comme je serre dans mes bras tous ceux que j'ai eu le bonheur de rencontrer sur cette Terre !

Giorgio a été mon rocher. J'ai construit sur toi l'église de ma vie. Je te vénère et t'aime jusqu'à la fin des temps.

Dorian, mon fils aîné bien-aimé, a fait l'émerveillement des derniers mois de ma vie. Je l'ai vu devenir homme de lumière et de détermination. Sois heureux avec Lizzy, aussi belle d'âme que de corps, et qui m'a fait le cadeau d'avoir tous ces mois une fille bien-aimée.

Raphael, mon benjamin, mon miroir d'âme, et mon enchantement. Ta vie sera riche et généreuse, ouverte au monde et à tes frères.

Je ne suis qu'une VIVANTE qui voyage entre les mondes.

Je suis désormais en soins palliatifs, reliée à une merveilleuse pompe qui me délivre de la douleur. J'ai rendu les armes.

Gratitude, gratitude !

(Quelques jours plus tard...)

Hanna chérie m'apporte un arbre de Noël ancien de la cristallerie Gablonz de Prague. Un chef-d'œuvre d'artisanat, de lumière et d'orfèvrerie précieuse. Je ne peux le quitter du regard. Il m'abreuve de splendeur.

Refaire de l'esprit européen cette alliance entre politique, culture et foi dont rêvait Jakob Burckhardt. Voilà ce qui me visite ce soir. Terre des Hommes ! En prendre soin. On pourrait s'étonner de la surgie de préoccupations « séculaires » au milieu des préparatifs de l'autre voyage. Pourtant elles font sans conteste partie du tout ; ce qui est éphémère et ce qui est éternel se rejoint dans une égale dignité. Evidence même.

Par un sombre ravin, j'ai passé de la Vie à la Vie.

Samedi 23 décembre

Bonjour naissance ! C'est Noël !

Je me réveille le souffle très court, mais dans une forme acceptable. Un drôle de stade intermédiaire auquel je finis par ne plus rien comprendre.

Je ne mange ni ne bois, je me sens « cherchée ». Depuis des jours, je suis fort bien. Tout est étrange comme toujours, toutes les catégories brouillées.

Hier s'est fêtée une grande *puja* avec deux cents nonnes à Dharamsala dans le nord de l'Inde au monastère de Normalingh, que m'ont offerte mes amis de là-bas. On m'a promis que cette énergie portait simplement ce qui devait s'accomplir.

J'aimerais qu'on mette à la main de chacun au cimetière du village ce petit mot de remercie·ment :

« *Bitte glaubt nicht, dass ich gestorben bin.*
Ich bin voll lebendig von einem Leben in das andere gewandelt [1]. »

---

1. « Ne croyez pas que je sois morte, je m'en suis allée pleinement vivante d'une vie vers une autre. »

Ou encore :

« Ne croyez pas que la mort soit un échec.

C'est l'amoureux accomplissement d'une alchimie. »

Mon ami Serge ce matin m'apporte de la gaieté.

Je me souviens du poème de R. Tagore que griffonna au tableau ma maîtresse d'école au lycée Montgrand le jour où il reçut le prix Nobel de littérature, je devais avoir sept ans. Il y est dit : « Nous sommes tous invités au Banquet de la Vie. Chacun pour y jouer son air, ses quelques notes, et quand l'heure sera venue et que le maître de maison annoncera que la fête est finie, il n'y aura qu'à se lever, qu'à s'incliner et à s'éloigner. »

Nous restons un long moment à faire résonner en nous ces paroles graves.

Puis en imaginant l'incongruité de tout autre comportement, une immense gaieté nous gagne. L'alternative serait-elle de se cramponner aux rideaux et aux poignées de porte ? Nous sommes des gens du monde, eh quoi !!! Eclats de rire.

Continuer d'écrire puisque la vie continue.

27 décembre

Belle journée. Une richesse humaine à faire craquer toutes les coutures : Colette est venue de

Mulhouse m'habiller de tendresse, et Alain de L. pour une heure de Belgique me parler de cette débauche de reconnaissance réciproque qu'ont été nos rencontres. Et ma Céline surgie pour quelques heures de Marseille, et qui porte en elle comme intaille dans l'agate un petit garçon bien aimé, « six mois de Julien ! » dont rien, dit-elle, ne parvient à la distraire. Ces mères-là qui ont créé des enfants libres parce qu'elles les aiment exagérément dès le tout début et qu'elles sauront les laisser s'éloigner quand le temps sera venu me ravissent.

C'est le jeudi 28 décembre, 6 heures du matin

Je me suis enduite de crème avec tendresse. Je suis bien. Pas de douleurs. Présence : « *Die erhabenste Form des Daseins* »…, selon la sobre formule de Hofmannsthal :

La plus noble présence.

J'espère que j'ai pu exprimer tantôt ce qui m'importait dans l'aventure du corsaire Stortebecker. Ce n'est pas la maîtrise de ce corps au-delà de la mort même qui m'impressionne, mais le fait que ce corps ait été évidé par la foudre de tout ego et ne contienne plus que… l'équipage tout entier ! C'est cette troupe de fous de Dieu qui traversent

l'océan de vie derrière leur proue qui me bouleverse. Cette proue qui va venir se fendre sur l'épe-
ron de la lame dans le dernier éventrement de
l'océan. C'est cet élan qui me fut tout.

Je viens de coller l'étiquette n° 13 sur le dernier
petit cahier où je prends mes notes.

Le chiffre 13 bien sûr m'enchante, qui relie à
tous les possibles. Le chiffre qui annihile toutes
les certitudes, entrouvre toutes les failles, rend
« fêlé ».

Du chiffre 13, du lieu de la treizième étoile de
l'astrologie juive, part la possible fêlure des mondes. D'un côté toutes les lois indélébiles et irré-
ductibles, de l'autre, la fêlure, la fêlure toujours
possible.

Aurai-je la force d'écrire l'histoire de la fille
d'Akiba ? Je dois ce récit au grand Friedrich
Weinreb et de vive voix à ma belle amie Stépha-
nie F. aux yeux d'automne, rendue depuis cinq
ans à l'Univers :

Akiba accumula sur la tête et le cœur d'un seul
homme tout le savoir et toute la sagesse possibles.
Comme j'aurais aimé mieux le connaître ! Je ne
puis que puiser aujourd'hui dans la passoire pis-
seuse de ma mémoire, tentant le meilleur.

Ne dit-on pas d'Akiba qu'il confirma la présence du Cantique des Cantiques dans le Canon des Ecritures ? S'il n'y avait que cela, quelle reconnaissance nous lui devrions !

Sa fille Nehama (« Consolation » en hébreu) est l'enchantement de sa vie, une source de miel, de sagesse et de lait.

C'est de la bouche de son ami, le plus grand astrologue de son temps, qu'Akiba apprend que le jour des noces de sa fille sera aussi le jour de sa mort, une mort occasionnée par la piqûre d'un serpent.

Il n'est pas question de ne pas fêter les noces néanmoins ! Elles constituent l'étape la plus haute dans la destinée humaine. Elles opèrent la jonction de ce qui était séparé : le haut, le bas, la lumière et l'ombre, l'homme et la femme. C'est l'instant hors du temps où les mondes divers se réconcilient et s'embrassent sur la bouche. Et même sous la plus fatale des menaces, il n'y a pas de choix possible. Les noces, il faut les fêter !

Des troupes de serviteurs s'affairent dans le territoire où va être dressée la somptueuse tente. Ils traquent les nids de serpents et de scorpions. La fête se prépare. Des hôtes sont attendus des quatre coins de l'horizon. De toutes directions arrivent les caravanes des plus grands Sages de l'époque et de leurs familles.

Puis c'est le jour ultime. La mariée rayonne.

Elle est le réceptacle de toute grâce. La journée fatidique se déroule selon tout le cérémonial prévu. Au soir, les époux sont accompagnés par toute l'assemblée jusqu'au lieu où ils se retirent. La nuit baigne dans la paix.

Au lendemain, Akiba fait venir sa fille et lu. dit : « Nehama, ma fille bien-aimée, miel de mon âme et de mon cœur, tu as fait faillir la prédiction du plus grand astrologue babylonien. Tu as mis en mouvement l'impossible : *la Treizième Etoile a lui* ! Décris-moi tout dans tous les détails la journée d'hier, chaque mot que tu as dit, chaque mouvement que tu as fait. »

Elle décrit tout, instant après instant, la venue de chacun, les bénédictions, les paroles, les propos échangés, tout ce dont elle se souvient.

« Et encore ?... et encore ?... demande le père.

– Ah oui ! A un moment, un vieux mendiant est entré sous la tente. Toute l'assistance était absorbée par les psaumes de bénédiction et les lumineux commentaires d'un de vos grands hôtes. Je me suis glissée vers l'ouverture et j'ai aidé le vieil homme à ôter sa cape. Puis j'ai pris une flèche dans le panier à l'entrée et je l'ai plantée selon la coutume dans le mur pour y suspendre l'étoffe. »

(Un mur de crépi, grossièrement mêlé de

paille, était alors bâti à l'entrée des tentes de fête pour y recevoir les vêtements.)

Akiba bondit sur ses pieds.

« Montre-moi l'endroit où tu as enfoncé la flèche. »

Nehama le rejoint.

« Là, non là, exactement là. »

Akiba s'empare de l'empenne et tire d'une main. Il ramène avec la flèche le serpent dont elle a percé la tête.

Que s'est-il passé ?

La Treizième Étoile a lui.

Nehama a fait le geste que personne n'attendait d'elle, le geste de plus, le geste de l'infinie délicatesse d'amour : elle a traité le mendiant avec les égards du roi. Elle a enrayé d'un grain de sable la puissante machinerie des Destins.

C'était le geste que personne n'attendait de personne. Le geste de folle humanité et de folle noblesse. Le geste qui fait basculer les mondes.

29 décembre (*dicté à Joëlle*)

Somptueuse est la vie. Et décharnée cette matinée.

Ces deux qualités cohabitent dans leur tension.

Hier alerte à la thrombose, puis la langue se

80

dessèche jusqu'à être sableuse. De délicieux médecins accourent.

Je me sens comme en plein océan dans une barque qui prend l'eau, et chacun tente de boucher à sa manière un trou, tout en sachant qu'elle va sombrer. C'est touchant d'affairement et d'impuissance.

« Comme je suis heureuse... comme je suis heureuse... Tu leur diras comme je suis heureuse ! » Voilà ce que je murmure à J.

Je suis en train de mourir... Est-il possible que je ne meure pas ?

Oui, je suis en train de mourir.

Le Dr W. me confie plus tard qu'il *savait* aussi que je ne survivrais pas à cette nuit.

30 décembre

J'ai traversé des univers. J'ai cru avec ravissement l'instant du passage venu. Une journée durant j'étais dans l'extase du seuil.

Et puis je suis revenue.

J'ai mis longtemps à retrouver l'humilité complète d'accepter mon heure. Elle n'est visiblement pas venue.

J'ai d'abord tenté de rester dans ce monde

intermédiaire, de ne plus retourner dans ma vie personnelle. Rien ne me coûtant plus d'efforts que de soulever une paupière, aussi je la garderais close Puis j'ai dû reconnaître que cette attitude n'était pas la bonne. Dorian s'en est insurgé avec véhémence :

« Ce n'est pas à toi de décider quand le monde se retire de toi ! C'est si violent envers nous tous qui sommes là. Aussi longtemps que le monde t'accueille, il faut que tu l'accueilles ! »

J'ai renoué peu à peu mes intenses dialogues. Giorgio ma lumière, Dorian mon rocher, Raphael mon miroir. Et tous les autres... et parmi tous les autres, ma Joëlle légère à mon cœur comme un papillon.

31 décembre

Des voix d'amis qui continuent de me dire :
« Tu peux encore te décider pour la vie. Décide-toi pour la vie ! »

Ces voix me heurtent avec tendresse, je le sais, elles n'appartiennent plus à mon royaume, elles sont du royaume de la dualité alors qu'elles croient en être totalement délivrées. L'intention est bonne, elle est naïve. A ces encouragements manque la vraie brûlure de l'expérience.

Dans l'espace où j'évolue, vivre et mourir *est* la vie. J'opte pour le tout. Voilà.

Je suis au milieu du plus dense de la vie. Cet extrait de lettre à un ami l'illustre encore :

> Sachez que la manière dont je vis cette aventure est difficile à faire percevoir. Je suis habitée d'une liberté infinie.
>
> Quelle joie j'aurais de vivre et de continuer de bercer le monde avec vous !
>
> Mais je ne vois pas l'ombre d'un échec, si une autre issue s'ouvre à moi.
>
> Tout est vie que je vive ou que je meure.
>
> Tout est Vie...
>
> Je vous demande avec une tendresse immense d'ôter de mon cœur toute pression par un souhait trop fort de me voir parmi vous.
>
> Dans l'espace où j'évolue, les catégories n'existent plus.
>
> Que cette paix et cette grâce qui m'entourent vous parviennent.
>
> De là où je suis où je serai, je suis et je serai avec vous.

Nuit de la Saint-Sylvestre

La vie explose et crépite.

Hier j'ai demandé des boules Quiès, je n'en veux plus.

Que la nuit de la Saint-Sylvestre explose et crépite comme il se doit !

« J'ai mis devant toi la vie et la mort. Choisis la vie et tu vivras. »

Mais ajoutez bien : Que tu vives ou que tu meures, tu vivras !

La dérive m'a puissamment ressaisie depuis des heures. Je m'éloigne à une allure vertigineuse.

« Il y a quelqu'un qui me caresse la main gauche ?

– Non !

– Ah… c'est l'ange ! »

(Ces trois lignes ont été notées par Joëlle pendant que je m'éloignais.)

Nouvel an, 1ᵉʳ janvier 2007

Une fièvre brutale me fait vivre ce soir une sinistre expérience d'hallucinations. Partout dans les murs de ma chambre s'ouvrent des fentes. D'abord je parviens à les colmater puis elles se multiplient, se fissurent de plus en plus profondément, ouvrent sur des abîmes. Des troupes de danseurs effrayants et masqués, de cavaliers d'enfer, de monstres à cornes et à trompes, se déversent dans ma chambre. Comme au bûcher, la montée des premières flammèches, l'effroi me lèche les pieds. Peu à peu, grâce à mes amis tibétains et à ma familiarité avec le *Livre des Morts*, des mains se tendent de toutes parts pour me secourir.

« Noble fille ! Traverse ! Traverse ! Ceci n'est que le produit de ton esprit et de ton imaginaire… Traverse ! »

Ah cette grâce de recevoir au moment juste l'instrument juste ! Cette grâce !

La traversée a lieu.

Une sensation incroyable de délivrance, comme si désormais la boîte à jouets s'était vidée. Je peux entrer en vie.

Je suis donc allée jusqu'au bout, jusqu'à la fin des terres offertes à mon galop.

Fin août 2006 ! Après des années de stages et de congrès passionnés mais surtout la bienheureuse et effrénée cavalcade des six derniers mois (mars à août 2006), me voilà parvenue (mais je ne le sais pas encore) à ma dernière conférence ou plutôt aux mots de clôture d'un congrès international sur l'éducation dans un monastère voisin. Une remontée de mémoire que la guerre du Liban suscite en moi me les inspire : voilà ce que je dis :

« J'ai sept ou huit ans. Une amie d'école à qui j'ai confié que j'écris des poèmes me ramène chez elle à sa maison, dans une famille d'émigrants libanais. J'entre dans un logement misérable comme ils le sont tous autour de l'Evêché à Marseille dans les années d'après-guerre. Une pièce sombre. La silhouette d'un vieil homme dans un fauteuil m'apparaît au fond de la pièce. Il se redresse lentement, se met debout. La main sur le cœur, il se penche vers moi :

"Je m'incline devant la poétesse."

Saisissement. Les oreilles me bourdonnent.

Quand je rentre chez moi en courant quelques minutes après, je me sens comme soulevée du sol. Celle devant laquelle ce noble vieil homme s'est incliné n'existe pas encore. Un jour pourtant elle sera.

"Un jour, tu seras." C'est cette promesse glanée dans un regard d'adulte qui a constitué mon trésor. L'éducation n'est qu'un tissage de regards. »

Voilà en substance les dernières paroles que j'ai données, le dernier thème sur lequel j'ai eu le bonheur de parler avant mon grand voyage.

Jeudi 4 janvier

Dorian me cite un mot qui appartient à la langue des chasseurs, à leur patiente et amoureuse observation. « *Die Sasse* » est un trou dans un immense champ où le lièvre se cache et reste indécelable. Immédiatement je me sens installée dans un creux semblable, le nez sur une motte qui croule. Quel ravissement ! Lui m'apprend un mot neuf et voilà que j'y installe mes pénates ! Je me réjouis comme une enfant.

Jeudi 4 janvier, soir

Le regard de mon Dr Theo, l'anesthésiste roumain, à me trouver assise au bord de mon lit ! Je sursaute comme il sursaute. Je suis totalement vivante, un poisson qu'une cabriole soulève de l'eau. Nous rions ensemble. Il est radieux. Il répète seulement : « C'est si beau, c'est si beau, c'est incroyable ! Je ne pensais pas vous revoir vivante ! »

Oui, aujourd'hui je suis vivante à n'y pas croire, d'une simple force humaine, comme si l'épuisement avait disparu sans laisser de traces. Une résurrection de quelques heures ? De quelques jours ?

Le plus difficile est certes d'accepter le « grand huit » comme mode de fonctionnement quotidien.

Depuis que cette généreuse pompe qui neutralise la douleur est en place, le martyre a cessé.

Je vis hors du rythme de toute fonction naturelle. D'une part, je perds en apparence mes forces vitales, comme une coulée lente et compatissante. De l'autre, je gagne les forces neuves de la non-résistance.

Un espace inconnu s'ouvre sur des révélations sans fond. Toutes les catégories ont cessé, les dénominations n'ont plus cours.

6 janvier

Et il y a place pour le plus simple et le plus joyeux. Ma rencontre de ce matin avec Pierre mon beau-frère. Nous renouons avec les éternels dialogues passionnés de notre jeunesse. La littérature est restée cela pour nous toute une vie : le lieu où le Petit Poucet ramasse ses infimes cailloux qui sauvent des vies. Une mémoire, une odeur, un éclat de rire. Elle n'est pas la glorieuse et poussiéreuse carrière où s'équarrissent les marbres pour la construction de temples et de palais. Si la littérature ne tenait pas dans la poche...

quelques cailloux, oui, quelques cailloux..., elle ne serait pas du grand voyage.

Dimanche 7 janvier

Une nuit dure. Souffrance, violence dans le dos. La certitude de sauver quelqu'un en traversant l'épreuve (j'ai son nom dans l'oreille : Yves Z.).

Une infirmière inconnue entre et me tient soudain le genou à deux heures du matin. Elle reste dix minutes et s'en va. Une violente nausée me ceinture puis s'éloigne avec les spasmes de vomissement, puis tout s'apaise. Je répète aussi longtemps que cela dure : oui, oui, oui.

Ce matin, je dors lourdement. Le prêtre me réveille et m'émerveille de sa simplicité.

La porte s'ouvre à nouveau et Séverin est là dans un grand châle rouge, vivant, jeune, superbe, et Majken, sa lumineuse épouse dont les yeux me bercent. Grand moment d'une rencontre absolue. Une longue, longue amitié en quelques minutes de présence aiguë.

Et je repose là au milieu du bourdon des cloches. Dimanche midi ! Avec la certitude qu'il n'y a rien à craindre.

Le Dr W. vient pour me chanter *Hänsel et Gretel*, opéra d'un épigone romantique de

Richard Wagner, Engelbert Humperdinck. Le chant des anges : *Abends wenn wir schlafen gehen*, « le soir quand nous allons nous endormir, quatorze anges nous entourent... ».

Ce soir, sœur[1] Dana l'infirmière d'Amérique du Sud qui m'interroge sans se lasser : « Vous venez de me donner une réponse qui va compter pour ma vie ! Il était donc important que vous viviez cet instant et que je vous y rencontre. »

Sœur G. me dit : « *Ach sie denken so schön ! Ich werde nie vergessern.* »
« Ah, vos pensées sont si belles... Je n'oublierai jamais. »
C'est une femme très simple et dont les yeux sont de nougat clair.

Jeudi 11 janvier

Je me réveille en paix comme je m'endors.

Je vis des jours d'une simplicité lumineuse, religieuse.

---

1. Il est encore de coutume en Autriche d'appeler ainsi les infirmières.

De plus, depuis le début de ma traversée, une vie monacale s'est ouverte à moi.

Je reçois des mains de mon Pater Walter si rayonnant l'hostie quotidienne, celle qui est venue s'éclairer comme nacre au creux de ma main à la première messe à l'hôpital voilà bien trois mois.

Mon père bien-aimé décelait dans toute religion le germe d'une violence historique. Il est vrai que tout système sied mal à la spiritualité. Qu'y aurait-il à organiser, à préserver, à mettre en sécurité là où il n'y a qu'une prodigieuse aventure à risquer ? Comment Dieu, l'au-delà de tout nom, et de tout attribut, pourrait-il nous assurer un ordre contre un désordre ? On flaire avec angoisse un ordre humain qui, pour soulager les peurs qui le minent, se fait volontiers passer pour un ordre divin. Or c'est à une aventure de libération et non de morale, de radical retournement et non de progrès que nous sommes conviés ! L'institution ne peut que céder le pas devant l'expérience de « l'homme intérieur ». L'Église qui se construit dorénavant a d'autres matériaux que les pierres : ce sont nos cellules.

Je suppose que mon père était un mystique qui ne s'autorisait pas de l'être, ce qui a été peut-être pour lui une source de grande souffrance.

J'ai hérité de lui une vigilance aiguë que je suis loin de renier. La faculté de discernement critique dont je suis bien dotée ne m'a pas empêchée d'être spirituelle dans toutes mes cellules et de façon inguérissable.

Le christianisme est en moi comme un vide incendiaire que je n'ai pas voulu remplir. A jamais neuf. Et qui s'invente de neuf chaque jour

Et néanmoins continuent de vivre en moi tou tes ces religions que j'ai tant aimé honorer, et qui me l'ont si généreusement rendu. Autant de chemins de compassion pour donner forme, rite et matière à l'Invisible qui nous fonde.

Ainsi, la double spirale des Veda, profusion et rigueur cosmique de l'hindouisme. Les mondes jubilent.

Ainsi, le bouddhisme qui m'apprit à décrypter le fonctionnement de mon esprit, et tous les filtres de la conscience. L'extrême rigueur y rejoint la plus vertigineuse des bienveillances.

Ainsi, le judaïsme qui m'apprit « l'autre ». Le fin du fin de la tendresse humaine. Quand casse la dure cosse de la dure loi, l'amour exulte et déborde. Et dans chaque regard, c'est Toi qui me rencontres. Toi l'Innommé !

L'islam mystique et humaniste qui m'a comblée de sa splendeur lyrique, de son ivresse de beauté et de dignité.

Et jusqu'au fond des temps, il y a eu le dialogue passionnel et ininterrompu des chamanismes entre le visible et l'invisible, le monde révélé et les arcanes, la nature dont nous sommes part et son Créateur. J'en viens à m'interroger si la science contemporaine, lorsque sa hargne contre le sacré cesse, n'est pas aussi un possible de cet éblouissant héritage du chamanisme.

Vendredi 12 janvier

Je suis très faible. Difficile de tenir une paupière levée.

Mais je veux chaque jour trouver quelque chose de neuf à adorer.

J'ai invité ma nouvelle amie, un médecin nigérien, sœur Jeanne-Marie, une merveille, à me chanter chaque jour une chanson. D'abord éclats de rire et proposition de chants marianiques. Mais je veux entendre sa langue, l'igbu. Et maintenant nous chantons igbu chaque jour. Il y a entre nous ce fil d'or dont parle Raymond Lulle et qui relie tout ce qui respire sous le soleil.

Après mon opération, j'eus voilà deux mois un ambitieux programme de physiothérapie avec une jeune femme nommée Katrin, fille d'agriculteurs de Carinthie.

J'avais à marcher en me cramponnant à deux rampes sur une passerelle roulante. C'était lassant et désespérant. Puis nous avons inventé un jeu : Katrin me décrivait un chemin qui lui avait été familier. Par exemple, celui de l'école. Je fermais les yeux. Et de ce moment, notre aventure fut un délice. Voilà, nous atteignons le premier tournant. Voilà le pont. Quelques dos de carpes rutilent, un canard plonge... Le délice ne connaît plus de fin lorsque nous allons au bout d'une virée : un pique-nique, par exemple. Le jus de poire dégouline sur nos mentons. L'odeur du fromage dur effrité du bout des doigts. Une envie de pleurer me submerge. Je n'ai pu venir que trois fois à nos rendez-vous. Katrin est une grande poétesse. L'accueilleront au Parnasse sans froncer le nez Sapho et Louise Labé.

Mercredi 17 janvier

Dans une lettre Marie M. me demande de lui apprendre encore à vivre plus profond :

Marie bien-aimée,

Je suis mal placée pour donner un enseignement quelconque sur les questions que tu me poses.

Ma vie est devenue simple. Je n'ai plus

aucun concept ni représentation. Je rencontre ceux qui me rencontrent avec une innocence de moineau. J'y gagne une légèreté inconnue jusqu'alors.

Marie, quand je regarde ta vie, la tienne, elle est si courageuse, si belle, si limpide. Que pourrais-tu extorquer de toi qui soit mieux encore ? Quelle inutile violence.

Emerveille-toi de ton courage quotidien qui est constant.

En ces temps, je vis pour ma part une expérience qui voilà quelques mois m'eût paru impossible et destructrice : presque sans fonctions naturelles. Et pourtant je vis cela, sans y mettre d'énergie, sans m'y attarder. Je « coule » avec le flux de cette expérience, instant après instant, souffle après souffle, jour après jour, le cœur paisible.

Ainsi ne s'agit-il que de vivre ce qui nous rencontre.

Je n'ai rien que tu n'aies pas, mais toi je te sais douée de tant de choses que je n'ai jamais même effleurées.

Une force secrète coule en permanence. Rejoins-la. Il n'y a plus rien qui ne soit pas l'essentiel.

Quel mérite y aurait-il – et pour qui ? – à vivre alors dans la justesse ?

Vendredi 19 janvier

Aujourd'hui, les histoires dans ma tête se las-
sent, elles ne se laissent plus tisser. Le monde
s'effiloche. Ce n'est ni triste ni pas triste. Un
autre espace se crée.

Giorgio me dit ce soir :
« Ecris-tu encore ?
– Je n'ai plus trop la force. Le pinceau me
tombe des doigts. »
J'ai dit pinceau..
Oh mon Giorgio, ce dernier mois, que de tra
versées avec toi, que de travaux de débroussail-
lage dans tous les lieux encore impraticables de
la mémoire. Ne voilà-t-il pas que nous y sommes
jetés, les mains nues en avant ; nous revenons en
larmes et les bras écorchés jusqu'aux coudes
comme autrefois les enfants de la difficile cueil-
lette des framboises dans la forêt, au milieu des
épines et des taons.

Un soupir déchirant : pourquoi cela ne nous
est-il pas épargné ? Pourquoi le travail doit-il être
aussi radical ? Il est rare en revisitant des lieux
de vie qui nous appellent que nous ne touchions
pas le désespoir. Et puis une fêlure se produit, la
lumière entre et tout est transmué Chaque fois

un miracle et la conscience bouleversante d'avoir asséché un marais putride ! En ce siècle, le travail du couple recèle tous les espoirs, il n'est pas d'esquive possible. Mais point de malentendu. Il n'est pas question ici d'un couple idole dont la vie dérape dans un impitoyable autisme à deux, un égoïsme partagé, une fermeture. Non. C'est à une aventure de réconciliation des opposés que nous sommes conviés. Dans une soif absolue de réciprocité ! Ce travail, disions-nous, recèle tous les espoirs. Voilà le cadeau qui nous est fait, en restant jusqu'au bout sans compromis, dans une inébranlable exigence de véracité. Nous sommes chaque fois stupéfiés de l'intelligence que la vie met en place dans pareille empoignade des âmes La délivrance suit alors des tracés inconnus...

Il n'est fait là aucune concession. Le plus difficile y est la seule mesure acceptable. Et cette reconnaissance fragile et précieuse d'avoir pu peut-être sans connaître les tenants ni les abou tissants aider d'autres couples à traverser les zones destructives.

Nous ne savons pas toujours ce que nous sauvons là, au cœur même de la nuit la plus sombre. Mais nous traversons sans faillir.

« Traverse ! Traverse ! Noble fils ! Noble fille ! »

Samedi 20 janvier

Visite du Dr V. blond dont j'aime le silence profond.

Il me dit : « Nous nous interrogeons, mes collègues et moi, sur l'énigme que vous nous ouvrez. A la manière dont vous vivez votre maladie et dont vous vivez tout court, nous apprenons une autre relation à la maladie et à la vie : c'est profondément troublant. »

J'ai pris la peine de prévenir tant d'amis chers que je mourrai, j'ai pris congé de tant d'âmes, je vis toujours. C'est burlesque et délicieux à la fois... et vertigineux. Je n'ai pas commis d'abus ce faisant. La mort m'ayant dicté mes comportements avec une détermination qui ne me laissait pas le choix. Je ne l'ai pas voulu ; mais, me voilà passagère, contrebandière entre les mondes.

Ce que je ne pouvais soupçonner pourtant, c'était que je puisse être encore baignée d'une telle vitalité ! D'un bonheur sans fin, qui ne veut rien, n'attend rien, ne sait rien de rien, sinon l'émerveillement que lui cause chaque instant, chaque rencontre.

Lundi 22 janvier

Plusieurs fois j'ai tenté de narrer la plus haute aventure qu'il m'ait été donné de vivre ici. Chaque fois, ma main s'appesantissait, mon bras était gagné de lourdeur, et je n'avais plus accès à la parole.

Le dimanche 21 janvier, je renouvelle une tentative ; une force centripète m'enlève la plume des doigts. Je dois abandonner

En ce matin du lundi 22 janvier où mes forces sont rassemblées, je m'élance une fois encore.

Voilà la scène : la porte s'ouvre, un jeune prêtre entre m'apporter la communion ; il est flanqué de deux acolytes et porte l'ostensoir. Très sûr de lui, péremptoire dans sa gestique, entier contenu dans sa fonction, il commence de me fermer le cœur. Une lassitude me saisit. Je lâche au vent la voilure.

A l'instant où montent ces paroles, « Le corps du Christ », fortement articulées, mes yeux s'entrouvrent : entre le prêtre et moi se tient le Christ. Mon saisissement est total. Aucune représentation ne m'eût jamais donné ce que je suis en train de vivre. Aucune. Car il n'y a *personne* qui se tienne là. Dans l'espace énergétique d'un corps d'homme sont contenues toutes les manifestations existantes du Christ, une infinie multitude de visages qui lui ont été donnés, de l'iconographie naïve à l'art le plus élaboré, de Grünewald à Michel-Ange, de Rembrandt à Rouault, de Cimabue à Rodin, du Pantocrator aux Jésus des Pardons de Bretagne. Tous les visages que j'ai réunis en moi depuis le tout début, visages d'aubes et d'humanité. Et tout cela est présent à la fois dans une vibration puissante et insoutenable. Pour une fraction de seconde, surnage un visage qui me sourit, un autre se tourne vers moi, même mon père surgit tel qu'il m'apparut une seule fois dans ma vie à la fin d'un dialogue ardent. Je suis électrisée, en feu. L'intensité de cette superposition est indescriptible, et son prodigieux décryptage. Christs infinis de possibles renouvelés, habités, investis, enchevêtrement poignant. Je participe du devenir de ce Christ cosmique brassé par des océans de conscience. Nous sommes appelés, aspirés à en être tous...

Voilà une éternité que cela dure. Le jeune prêtre me salue, me souhaite bonne amélioration, s'éloigne. La porte se ferme derrière lui. Mon visage est baigné de larmes, mes dents claquent. Je reste longtemps comme une araignée suspendue à un fil sous la vastitude de la coupole.

Depuis, ce Christ m'habite de sa haute vibration comme du ruissellement d'une fontaine.

Ce matin, le Dr W. me rend visible (beau lap-sus… pour « me rend visite » !). Il se réjouit comme un enfant de me rencontrer si gaie. « Voilà, dit-il, maintenant nous y sommes ! Vous bondissez hors de tous les tiroirs !! Vous êtes libre !! Tout peut encore être entrepris dans une liberté infinie. Vos compétences sont intactes. Et même s'il ne reste de la *Dixième symphonie* de Mahler que des fragments d'adagio, peu importe ! Au cœur d'une maladie mortelle on peut tout entreprendre avec le temps imparti. "Dans chaque commencement se dissimule une indicible féerie…" (Hermann Hesse). Le temps y trouve une autre nature, une autre extension, une autre dilatation. On y gagne l'inespéré. »

Mardi 23 janvier

Ce n'est que rarement la réalité qui nous prend à son traquenard. Le plus souvent, la représen-tation que nous nous en sommes élaborée suffit. C'est en elle que nous vivons.

Me revient un échange avec Claude Simon, mon voisin de table, de passage à Vienne après la récep-tion de son prix Nobel (dans les années quatre-vingt ?). Pendant la guerre d'Espagne où il est enrôlé volontaire, la petite troupe à laquelle il

101

appartient est prise dans une embuscade. De ses quelques amis, il est le seul survivant. Il ne se l'est jamais pardonné. Au point de ne plus pouvoir franchir la frontière espagnole depuis, sans être chaque fois pris de violents vomissements. Or, sur le moment même de la *catastrophe*, une paix immense l'avait envahi, se souvient-il. Et c'est cette paix même qui le hantait comme une trahison !

Que s'était-il passé ?

L'idéologie avait capturé l'expérience.

L'impétuosité de l'intelligence avait été plus rapide que le toucher de l'être profond.

Il avait par ce jugement tiré aussitôt l'expérience vers le psychique. Il s'en était voulu d'avoir échappé à la mort. Et bien que l'expérience puissante et vive lui signalât, elle, tout le contraire : *tous avaient survécu* – il ne supportait pas de demeurer seul du côté visible et familier de la vie. De cette immense paix, il n'était plus en mesure de recevoir le message métaphysique et métapsychique. Une fois la représentation forgée, la réalité doit s'écarter, elle n'a plus aucune chance.

Dans toute autre société, et même en Europe, si cet épisode s'était déroulé avant la Première Guerre mondiale, il eût été passage initiatique. Il aurait créé transmission, *enseigné qu'il ne faut pas toujours mourir vraiment pour parvenir au lieu où on a la mort derrière soi.*

Malédiction d'une modernité qui réduit le niveau d'approche à la seule psyché, à la seule norme collective.

Mercredi 24 janvier

La force de disponibilité qui m'habite m'étonne, c'est elle qui engendre les possibles.

Comment aurais-je pu soupçonner que je puisse encore être si heureuse ? D'un bonheur sans fin, illimité qui ne veut rien, qui n'attend rien, sinon l'émerveillement de chaque rencontre, de chaque seconde ! Je dis bonheur par pudeur mais ce qui m'habite en vérité est plus fort encore.

Le mot *miracle* était si souvent dans l'air ces mois derniers comme quelque couronnement qui m'attendrait quelque part. Il hantait les livres, les pensées, les cœurs. Je sais maintenant que ce champ de conscience s'est bel et bien constitué.

Il ne consiste pas dans une séquence de gestes attendus, comme de rouler son matelas sous le bras et de rentrer chez soi d'un pas leste ; non c'est un miracle plus inattendu encore. Il est autour de moi comme une senteur qui pénètre tout. Il est contenu entier dans ce sublime mot ancien : béatitude. Il me recouvre tout entière.

Qui eût pu soupçonner qu'au cœur d'une aussi difficile épreuve se soit lovée la merveille des merveilles ? Pour combien de temps, je l'ignore à part qu'elle est là, palpable comme un corps aimé, caressable comme une peau, dont les doigts portent l'indélébile mémoire.

Quels univers est-ce que je fais vaciller en écrivant cela ? Et me croira-t-on, mais peu importe, si je dis que je n'ai jamais été plus heureuse que maintenant ? De toutes mes heures, de tous mes jours, de toute ma vie, je dépose ces mots aux pieds de la page avec la plus extrême simplicité. Je ne veux ce faisant rien prétendre, rien prouver. Je remercie seulement ceux qui me lisent de recevoir ces paroles avec la même simplicité que celle avec laquelle je les laisse ce soir couler de ma plume.

> « *Zu Gott sollst Du nicht schreien*
> *Der Brunnquell ist in Dir*
> *Verlegest Du den Ausgang nicht*
> *Dann flosset es für und für.* »
> Angelus Silesius

> « N'appelle pas Dieu à voix haute
> Sa source est en toi
> Et si tu n'obstrues pas le passage,
> Rien n'en suspend la coulée. »

Après la joie d'être là, présente, cette joie de transposer d'une langue à l'autre un joyau ! Ces ravissements les plus constants de toute mon existence.

Cet après-midi, visite de trois petites sœurs de l'Agneau[1] que m'envoie Selina : un délice de jeunesse, de transparence et de candeur. Je suis sous le charme au sens fort, tant elles incarnent de forces claires. Elles me racontent l'histoire récente de leur petit ordre voué à la joie du OUI. Elles se prénomment Lucie, Félicité, Marie-Liesse. Elles ont fait vœu de pauvreté, dorment sur un matelas de camping, ont place pour une étagère au mur, une minuscule table et une chaise. Leur rire ne cesse de perler.

Vendredi 26 janvier

C'est le soir. Ma faiblesse est extrême. Mon sang très dévitalisé ; étonnant que je puisse tenir les yeux ouverts, me dit un médecin. On me prescrit une transfusion de sang. Je suis bien dans mon corps. Les larmes montent vite mais elles sont douces et c'est la tendresse pour ce monde

---

1. Communauté de l'Agneau, fondée en France et présente dans divers pays d'Europe.

qui les fait couler. La nuit est silencieuse, quelque
moteur ronronne au loin. A qui ai-je oublié de
dire que je l'aime, que je le garde au cœur, qu'il
n'a rien à craindre ? Le stylo me tombe des
mains.

Samedi 27 janvier

Presque un mois s'est écoulé – du temps d'ici.
Comment était-il le temps autrefois ? Si je joue
à être mauvaise langue, je dirai qu'il y avait souvent un effort à fournir pour trouver un défaut
à la journée qui commençait. Pourquoi fallait-il
que tel ami recule sa venue, que les pommes de
terre n'aient pas été livrées, ni le vin, ni confirmé
le vol de mardi pour Genève, ni blanchis à la
chaux, comme on me l'avait promis depuis trois
semaines, les couloirs des communs ? Il y avait
un effort à fournir pour trouver des failles, mais
on le fournissait de bon gré pour que la journée
ait une apparence sérieuse.

Le jeune médecin Nicolas D. est mon bonheur
de ces deux derniers jours. Nous nous sommes
« trouvés ». En lui brûle, et c'est un don rare, le
génie de la jeunesse. La certitude que cette force
formidable qui l'habite durera toujours, et plus
longtemps que la terre et la mer !

Il s'est pris d'une grande tendresse pour moi et de l'ardeur de sa compassion il me « soulève ». Chaque fois qu'il le peut, il s'échappe pour me rendre visite et s'enquiert de moi, les yeux fiévreux. Comme si mon état dépendait de lui. Il me touche tant !

Comment dans cette chambre honorer l'ordre ? Chaque objet aspire à avoir sa place, et quand il ne la reçoit pas, il développe une inimitié envers les humains et envers les autres objets, devient effronté et perturbateur.

Dimanche 28 janvier

Il est sept heures. J'ai déjà fait ma toilette avec l'aide de sœur C Je repose à nouveau comme après une grande œuvre accomplie. Dans ce rythme attentif, rien n'est insignifiant, tout a un prix, et donne à l'étoffe dont la journée se tisse ce caractère précieux. Il y avait trop de choses que je faisais autrefois sans y prêter l'oreille ni le cœur, et ne sachant jamais à quoi imputer la perte de qualité qui se manifestait dans le quotidien. Elle était là tout simplement dans la perte d'intensité, de contact entre ma conscience et les gestes que je posais sur cette Terre. Et pourtant, un moment d'attention retrouvée ouvrait tout à nouveau. Je me souviens.

Lundi 29 janvier

J'aimerais raconter encore la dernière aventure de retournement dans ma biographie parce qu'elle me paraît être le signe d'une alchimie déterminante et d'un passage vers la liberté.

Mon beau-père P. rencontra voilà quarante ans quelqu'un en moi qu'il inventa de toutes pièces sans prendre un seul moment le temps de me rencontrer pour de bon. Je serais désormais aux antipodes de sa personne, un être insaisissable, irrationnel, mû par des sentiments (!), des enthousiasmes (!). Un de ces êtres qui met le monde en danger et le tient si violemment fasciné que désormais P. ne rencontrera personne sans s'entretenir longuement de l'énigme redoutable que je constitue. S'ensuivit une longue histoire d'imbroglios, de souffrances, de malentendus, de cruautés parfois, de part et d'autre bien sûr. Mais je peux dire que j'ai toujours nourri l'espérance de le rejoindre – (et lui peut-être aussi de son côté) – et qu'il y a eu de forts moments où nous avions la fugitive illusion de nous frôler.

Mon propre père m'avait dit au jour de mon mariage : « Tu verras, personne à la longue n'a

encore résisté à l'amour. Tu gagneras son cœur. »
Aussi, je cultivais une compassion profonde pour
cet homme que la guerre avait broyé et qui était
revenu mutilé dans son être. Comme je l'ai décrit
dans mon livre *Rastenberg*, je vis alors dans mon
destin une incroyable vocation de réconciliation :
inventer la vie de neuf dans une reconnaissance
réciproque. J'appris alors qu'on peut remplir sa
part mais que, dans le rêve prométhéen de forcer
la reconnaissance de l'autre, se cache la pro-
chaine violence. Pour survivre à l'impuissance
qui se transforme vite en haine, il n'est que
d'inventer d'autres vocations, encore d'autres
métiers. Ainsi naquirent notre centre de séminaires à la Lichtung et mes odyssées de par
l'Europe. Une longue histoire.

Au début de mon séjour à l'hôpital voilà cinq
mois, on ne peut pas dire que quelque chose fut
changé entre lui et moi. J'eus droit à de multiples
conseils de la part de ce vieux seigneur de qua-
tre-vingt-quatorze ans dont les os tiennent
debout par habitude dans une rectitude impec-
cable et pour qui tout se réduit pour finir à un
problème de discipline.

Puis, peu à peu, les mois passèrent et toutes
les violentes émotions qui traversaient mes proches jaillirent jusqu'à lui. Deux visites qu'il m'oc-
troya me firent entrevoir une attention neuve.
Grâce à des échanges avec l'un ou l'autre, P. se

prit à écouter, non pas ce qu'il « savait » déjà et expliquait à tous, dans l'écho de son propre discours, mais avec l'humilité de celui qui prête oreille à ce qui se dit. Oui, une déchirure s'était produite, dans une étoffe dont personne n'avait jusque-là remarqué qu'elle voilait tout. Et soudain, il put voir autre chose !

La lettre que je reçus de lui voilà une semaine, je l'ai laissée longtemps en silence posée sur mon cœur :

« Je rends hommage à celle qui, durant toute sa vie, a su voir un ciel au-dessus de Rastenberg que d'autres ne voyaient pas... »

La lettre ne recevra pas de réponse.

J'ai seulement fait dire : « Merci. »

Le cercle est clos.

Mardi 30 janvier

Hier soir, Dorian me panique en me parlant de « rentrer à la maison ».

L'idée me met en effroi. De quelle vie parle-t-il ? De quelle maison ? Impossible de reconstituer ce qu'il veut dire. Je me perds. J'espère que je ne deviens pas lâche devant la vie. Mais aussitôt ce mot écrit me blesse. Il vient de dehors. Dès qu'un jugement quelconque se glisse jusqu'à moi, je me sens expulsée de ma cellule bénie où le plus précieux m'a été rendu : une vie dont chaque seconde porte son entier mystère, et son trésor d'enseignement. Cette vie que je ne m'étais jamais autorisée, où il n'est permis que de ne rien faire, de ne rien attendre, de ne rien programmer, de ne rien juger, de ne rien vouloir... la liste pourrait se prolonger à l'infini, et serait de plus en plus magique. Ce lieu où tout cela advient m'apparaît si précieux que je dois en prendre passionnément soin. *C'est* le jardin où Dieu se promène chaque matin. Son jardin secret... et moi je devrais le déserter ! Impossible. Je ne prendrai pas pareille initiative. Pas encore, du moins. Je pressens qu'il y aurait là germe d'une trahison. Mais est-ce que je me leurre ? Pour décrire ce jardin, il n'est que ce vers d'un jeune poète israélien :

« Là où quelqu'un a eu raison, l'amandier ne fleurira pas l'an prochain. »

J'habite le jardin où personne ne prétend avoir raison et où les arbres plient sous le poids des fleurs.

Mercredi 31 janvier

« Etiez-vous croyante avant d'être malade ? » me demande avec une lueur d'ironie dans l'œil une jeune sœur que j'aime aussitôt.

Elle enchaîne :

« Je remarque souvent que des gens se mettent à croire aussi longtemps qu'ils sont en danger, puis s'ébrouent aussitôt après et ça m'énerve. »

Je ris de bon cœur.

« Compréhensible, sœur E. ! Tiens, une histoire pour vous faire sourire : un homme d'affaires couvert de chaînes d'or dans sa grosse voiture erre et vire autour d'un pâté de maisons. S'il rate ce rendez-vous capital, il est ruiné ! "Mon Dieu, implore-t-il, offre-moi une place où me garer et je quitte ma maîtresse, je prends ma femme deux jours en vacances, je rends visite à ma mère..." Soudain une voiture devant lui amorce, tous feux allumés, une manœuvre pour quitter sa place. L'homme radieux baisse en hâte sa vitre et crie vers le ciel : "Merci, Boss, j'ai réglé l'affaire, ne t'en occupe plus !" Ça a certes une autre gueule d'aimer le ciel sans calcul ! Je vous l'accorde. »

Elle prend le temps de s'asseoir.

« Et vous, répète-t-elle, étiez-vous croyante "avant" ?

– J'étais enfant d'après-guerre, et d'aussi longtemps que je me souvienne, je pensais que Dieu avait besoin de moi, de nous, de notre aide pour réparer ce monde si meurtri. C'est Lui qui appelait fort dans un monde de sourds alors que le refrain dans la bouche des gens était : "Prooofite de la vie." On nous disait : "Prooofite", la bou-

112

che pleine de cette première syllabe plus écœu-
rante qu'une ventrée de crème double. Et cette
invite était si grasse qu'elle couvrait l'autre.
C'était le conformisme de l'époque, sa norme,
c'est-à-dire un fanatisme en miniature. Or n'a
pour moi de valeur que ce qui nous vient sous
la dictée du cœur.

« Voilà la seule vraie qualité de la foi. Elle a certes
au cours de ma vie changé de physionomie. Il y a
eu bien des années où vous ne m'auriez peut-être
pas appelée "croyante" car en apparence c'était la
vie "quotidienne" qui m'accaparait entière. Et
toute adoration était captée par les humains seuls,
ce que je suis loin de déplorer car "le visage de
l'homme" est la preuve de l'existence de Dieu.
Comment y aurait-il rivalité dans l'Unité même ? »

Et nous avons continué, sœur E. et moi, notre
dialogue jusqu'à ce que les sonnettes se déchaînent dans les couloirs.

Quelle légèreté était dans l'air aujourd'hui ! Il
n'y avait personne jusqu'au fond des galaxies,
Dieu merci, pour se prendre au sérieux !

Jeudi 1er février

Je remarquais voilà quelques années qu'en
vieillissant, il fallait chaque matin au réveil aller

se chercher plus loin. Maintenant il peut m'arriver de partir comme à une pêche miraculeuse sans garantie de trouver dans le fatras du réel celle que j'étais hier encore. L'essentiel est de ne pas m'être attachée à « celle que j'étais hier encore » ni de vouloir coûte que coûte la reconstituer comme le font certains savants pour les tyrannosaures à partir d'un hachis de bribes d'os. Il s'agit tout au contraire de s'éprendre du jour neuf, de laisser l'intelligence de la vie se déployer. Chaque jour se doit d'être une création totalement nouvelle.

Nuit de samedi

Week-end cruel.

Violente expérience de drogue. Par la mauvaise manipulation de la pompe par un tout jeune médecin, je me suis retrouvée dans une puissante surdose. Sans expérience de la méditation, l'aspiration vers l'arrière eût été trop puissante. J'aurais perdu les sens. Quoi qu'il en soit, puissante et destructrice a été la nausée qui a suivi. Et jusqu'à maintenant, je ne peux pas lâcher un seul instant une attention soutenue sans dériver cruellement.

Dieu merci, je reste, ce matin dimanche après une nuit et une journée de perdition, en contact avec une réalité plus accueillante. Il y a quelque chose d'impitoyable à être si radicalement prise en chasse et livrée aux meutes. Il me semble pourtant que mon organisme n'a toujours pas réussi à se délivrer du poison. Tout mon rythme est ralenti. Je contemple la vie comme lorsque j'étais enfant autrefois, à travers une vitre un jour de pluie. Aussitôt que mon propre rythme s'enraye, le monde semble suivre et s'enraye. Hier une anesthésiste que je ne connaissais pas me dit en voyant mon état : « Toutes ces difficultés qui vont venir s'ajouter font partie de la nature de votre maladie ; il faut simplement vous y préparer. » Pareil commentaire ne traduit que la propre lassitude de cette personne. Comment pourrais-je me préparer à quelque chose que je ne connais pas ?

Dimanche a été une de ces journées dont je disais autrefois à Rastenberg, quand, de tout le jour le brouillard ne s'était pas levé, qu'elle ne comptait pas dans le livre de Dieu.

Aujourd'hui lundi, j'entre en contemplation de la semaine neuve.

Sœur E. me rapporte les mots de sa petite Eva quatre ans au réveil :
« Je suis triste, triste, aujourd'hui.

– Laisse-moi, dit sa mère, souffler fort sur ta tristesse pour la faire s'envoler.

– Oh non, s'écrie-t-elle, laisse-la-moi encore un peu. »

Quelle sagesse que celle de la petite Eva ! En un haussement d'épaules, elle déjoue l'attitude contemporaine qui consiste à ne vouloir que le plaisir, le succès et l'amusement !

Pourquoi choisir cette étroitesse, j'allais dire cette modestie inconvenante alors qu'on peut *tout* avoir ? Pourquoi seulement le plaisir quand on peut avoir la joie, la gratitude, la mélancolie même ? Pourquoi seulement le succès quand tous les degrés d'insuccès jusqu'à l'échec (l'échec dont Edmond Jabès disait « Il nous comble »), ouvrent à l'imprévisible ? Pourquoi l'a-muse-ment, cet espace privatif que je lis comme l'inter-diction de « muser », museau au vent, à la déli-cieuse découverte des mondes ? Espace obligé – où selon la célèbre formule du sociologue amé-ricain Neil Postman « Nous nous amusons à mort » – est celui de toutes les contraintes, de toutes les violations d'âmes.

Mercredi

Ce livre va s'étioler peu à peu. J'y collecte encore des rêveries de ces jours derniers et je m'apprête à le laisser aller. Il m'aura accompagnée six mois et aura concentré sur lui mon attention flottante. Il fut mon radeau de naufragée.

D'ailleurs à écrire ainsi, jour après nuit, j'ai usé mon coude jusqu'à la chair. Le pansement qu'on vient de m'installer ressemble à une petite aile et me contraint de tenir le coude levé en maniant la plume ! J'y vois le signe que le livre s'apprête à prendre son envol.

Je me souviens d'un texte lu voilà quarante ans où Michel Leiris met face à face toréadors et écrivains accordant aux premiers la prééminence pour l'implacable confrontation qu'ils osent tandis que, sur l'arène de la page blanche, le sang de l'écrivain ne coule jamais. Cette opposition m'apparaissait déjà trop simple en réduisant tout au visible. Il y a certes ce sang du sacrifice et de la célébration violente qui coule à la lumière mais il y a aussi le sang caché, *le sang vivant qui ne se montre jamais*. Pourtant ce matin, le drap qu'on m'enlève taché me fait sourire et je l'agite comme un trophée en tirant la langue aux théories.

Si je limite à six mois pour l'instant cette expérience d'écriture, ce n'est certainement pas du fait de la prédiction du jeune médecin de Krems qui décréta péremptoire : « Vous avez six mois à vivre au plus. » J'aime seulement la limite qu'elle m'offre dans le temps pour un projet de Vie. Ce livre en était un. Et le temps m'a servi de réceptacle pour recueillir l'eau de source « qui coule, coule, quand tu n'en obstrues pas le passage ». Le titre restera : « Derniers fragments d'un grand voyage. » Il m'a révélé son sens cette nuit dans un grand éclat de rire. Il n'est pas « négatif ». Il ne fait pas pencher la balance d'un côté. Il clôt simplement. Si je dois vivre, je vivrai dans la grâce. Si je ne dois pas vivre, la question lancinante est : combien de temps encore ? Elle est à la fois urgente, immense, impérieuse et pourtant à écarter radicalement. Elle obstrue la source. Combien de fois, de jour et de nuit, quand mes sens défaillent, quand la fièvre monte désordonnément et harcèle, quand un malaise encore inconnu installe ses pénates dans un organe, quand le vertige me ronge, quand la couleur de la peau vire, vineuse, une supplication veut monter : Laissez-moi aller, pour l'amour de Dieu ! Le plus difficile est de durer dans ces zones intermédiaires et putrides qui entourent les pénitenciers pour entraver les évasions. Durer ! Quelle force d'âme. Durer dans la grâce ! Je tente maladroitement d'y diriger toute mon énergie fertile, c'est maintenant l'œuvre à réaliser. Pour des jours ? Pour des semaines ? Pour des mois ? Je dois apprendre mieux encore à dilapider mon temps avec magnificence pour la louange des mondes. Quelque chose en moi sent obstinément que le plus important est de louer jusqu'au bout, de célébrer jusqu'au bout. Tout en dépend.

Afin que, de tout ce que j'ai été, ne reste pour finir que la voix qui Te chante.

Voilà mon vœu le plus ardent.

Jeudi soir

Oui, je m'endormirai tout à l'heure dans une forme délicieuse. Je vais bien, mon cœur brille. J'ai demandé à Dorian de m'apporter quelques carnets de notes des années quatre-vingt-dix de la pile qui est derrière mon bureau à Rastenberg. Et je les lis. Quel régal ! Je mets longtemps, long-temps à m'endormir. Puis je fais un rêve éveillé. Un cousin guide jusqu'à ma chambre un archi-mandrite de Bulgarie – ou est-ce un métropo-lite ? –, de toute manière une imposante appari-tion de l'Eglise d'Orient. Il est vêtu de noir avec des boutons de métal d'argent brillants comme des lunes. Je porte aussitôt ma main à mon cœur mais il n'approche pas. Et quand j'ouvre les yeux un instant plus tard, il a quitté la pièce. Une infir-mière me dit qu'il est retourné profondément tou-ché de m'avoir vue. Je suis interloquée et émue.

Dimanche 11 février

Les cloches sonnent à toute volée. Depuis quelques jours, je sens que mon corps est habité d'une force neuve. Je trotte aux bras de Dorian dans le couloir, trois, quatre, dix minutes. J'ai recommencé de me nourrir un peu. Une vie secrète s'est réveillée dans mon ventre. D'abord quelques cuillères à café de compote et de porridge chaque jour, puis maintenant cinq, six, de temps en temps, un peu de soupe. Et voilà que quelque chose d'ancien revient. Une sorte de digestion, de rythme. Je n'arrive pas à y croire. Et ces deux derniers jours, il n'y a pas eu de chute brutale d'énergie comme toujours au cours de la journée. Une belle période que j'accueille avec une gratitude tranquille et qui me permet d'être en relation avec les visages familiers de la vie. Accueillir ce qui est dans la plus extrême des simplicités possibles, sans surtout laisser une espérance folle et incontrôlée prendre le mors aux dents.

Lundi 12 février

Hier un jour fou. Avec l'aide de sœur Liu et de Cécily, je me suis déguisée en citadine : des sous-vêtements, des bas, des bottes, des jupes, un grand bonnet de fourrure emprunté. Et aux bras de Giorgio rayonnant comme à un tout premier rendez-vous, nous nous sommes rendus jusqu'à la voiture puis à l'appartement que nous habitons parfois à Vienne. C'était irréel après tant de mois. « Mais vraiment, je tiens debout ! » Je me suis même dit : « J'aurais pu faire une conférence ! Oh oui ! Créer l'espace d'une rencontre ! »

Je suis inguérissable, je crains. J'ai passé pourtant une heure de délices à toucher les objets dans l'appartement, à regarder les gravures aux murs comme autant de vies à traverser. Nous avions aménagé cet espace pour y vivre le jour où Rastenberg nous paraîtrait trop grand. En une heure, j'ai vécu toute cette existence, essayé tous les fauteuils et les tabourets, admiré toutes les perspectives qui donnent sur l'avenue vers l'Ecole de musique et vers le palais de la Monnaie[1]. Quel ravissement ! Et cette tasse de thé que m'a préparée Cécily ! Il existe donc un thé *ante portas* ! Hors des murs de l'hôpital existent des saveurs qu'enchante un zeste d'amertume. Oui, elles existent. Puis nous rentrons. Mes jambes se dérobent plusieurs fois. Je suis paisible. Tout est bien. Et je retrouve avec gratitude le trou que le lièvre s'est aménagé sous la terre, ses longues oreilles bien rentrées, « ses longues cuil-

---

1. *Musikhochschule et Münze.*

lères bien rangées ». dit délicieusement la langue allemande. Il m'est clair pourtant que tout lieu à habiter offre la même profondeur, la même invite. Il n'y a pas d'existence qu'il s'agirait de dépasser, un quotidien qu'il faudrait à tout prix surmonter. Tout au contraire, c'est de tout son corps qu'il faut y entrer, de tout son éros. Toute démarche spirituelle est avant tout un bain de matière. Matière et prière sont Un.

Mercredi 14 février

C'est la Saint-Valentin aujourd'hui. Le prêtre nous apporte à tous « une lettre d'amour de Dieu : J'ai tout mon temps pour toi, tu m'es précieuse, précieuse... ». Une exquise initiative qui met un frisson d'internat dans les couloirs. Des patients en chemise de nuit blanche, la lettre entre les mains, lisent et relisent, s'attardent et rêvent. J'ai vécu plusieurs jours d'un bonheur quotidien. C'était si inattendu. Nicole généreuse est venue quelques jours de France pour classer à Rastenberg les papiers de mon bureau et travailler à la correspondance. Elle passe régulièrement quelques heures à l'hôpital pour y partager ma joie. Nous chantions ce matin dans ma chambre :

« J'ai descendu dans mon jardin,
j'ai descendu dans mon jardin,
pour y cueillir du romarin,
gentil coquelicot Mesdames,
gentil coquelicot Messieurs. »

Mijou, ma belle comédienne, qui avait reçu la consigne de ne pas me rendre visite avant de savoir si j'étais en état de l'écouter et de parler, éclate de rire derrière la porte. « Oui, je crois qu'elle est tout à fait en état de parler : elle chante à tue-tête ! » Nous coulons ensemble un temps délicieux. Tout cela encourage les médecins à reprendre cet après-midi une thérapie interrompue depuis longtemps qui agit comme un éteignoir. Néanmoins ma gratitude reste entière.

J'entre en nuit dans un moment. En silence. En prière. En contemplation. J'ai un hameçon que je jette au bout de ma gaule dans la nuit noire. Comment dans un processus de normalisation qui parfois paraît s'engager, garder le caractère translucide de ma perception du monde ? Comment dans une sorte de normalité grandissante rester néanmoins transparente à tout ce qui m'a été révélé de plus grand, de plus noble, et qui fait le prix fabuleux de cette aventure ?

Comme ces questions me brûlent, me brûlent !

Jeudi 15 février

Je me réveille en grande souffrance, le ventre et le dos mordus et agressés. Une descente spiralée s'amorce, impossible à suspendre. Claquements de dents, glapissements de loup, les fièvres se déchaînent. Convulsions de nausées et de vomissements vides.

Samedi 17 février

Suis-je jamais tous ces mois descendue dans une souffrance plus immédiate, plus radicale ? Aucune médicamentation n'agit plus, aucune pompe ou est-ce une médicamentation qui m'apparaît précipitée et sauvage qui aggrave tout encore ?

Dimanche 18 février

Elle est indescriptible la qualité d'âme dans laquelle je baigne !

J'ai été couronnée cette nuit. La couronne d'épines.

Si j'avais soupçonné que le plus déchirant des supplices était encore devant moi, la panique m'aurait prise. Mais j'ai survécu à la pire nuit jusqu'alors. Et savoir si j'ai connu des nuits déchirantes ! Je ne veux pas m'attarder à cet épisode puisqu'il est traversé, mais pourtant un tel trésor s'y trouve caché que je ne veux pas non plus le laisser trop vite derrière moi. Je tente d'en illuminer un tant soit peu le mystère. D'abord cette nuit. J'ai hurlé à la mort dans un silence de galaxie, comme je le croyais. Ce cri s'est matérialisé pour Dorian et Raphael qui ont été trois fois réveillés à Marseille où ils s'étaient rendus ensemble par la sonnerie du téléphone entre deux et trois heures du matin sans qu'aucun numéro ne s'inscrive. Nicole a eu deux fois à la même heure l'expérience identique et Joëlle réveillée par mes gémissements n'a pu se rendormir longtemps. Je trouve cela si émouvant car j'ai vraiment crié des noms dans la nuit. J'ai accompagné jusqu'au bout amer ma propre solitude, mon propre abandon. Il est bon et juste d'accompagner jusqu'au bout tout ce qu'on ressent, d'aller au plus aigu de la pointe. Pour être délivré de quelque chose, surtout le rejoindre de si près, de si près qu'on sente le souffle du dragon dans la nuque ! Oui seulement si je suis capable d'accompagner ma misère, de l'admettre, de la reconnaître, elle prendra fin ; mais si je tente de surmonter, de succomber à l'héroïsme ou à la seule indignation « c'est horrible », alors tout se

durcit et se prolonge. En prenant dans notre responsabilité ce que nous vivons, ce que nous fai-
sons, ce que nous disons, nous avançons sur un
chemin de paix. J'étais loin de penser en ces
termes au fil des heures de cette nuit, et c'est
pourtant cette force-là qui m'a portée et la
conscience ancrée, jour après jour, au moins
depuis ces vingt dernières années, du caractère
éphémère de toute chose : il n'est rien au monde
qui n'ait une fin ! Et pourtant j'ai été effleurée
puis empoignée par la volonté d'enjamber la
fenêtre qui est exactement la force contraire :
celle qui croit à la pérennité du mal. Et pendant
que j'écris en ce matin de résurrection du dimanche 18 février, l'accalmie est totale. A dix heures,
la tempête est tombée. Il ne reste que le scanda-
leux mystère d'une richesse indicible. Le secret
des secrets. La transmutation par excellence du
Pire en Lumière.

Je suis bouleversée par la délicatesse d'énergie
vibratoire qui m'habite. Et je connais depuis six
mois du moins maintenant toutes les nuances de
modifications chimiques dans le corps pour por-
ter témoignage que celle que je vis là ne doit rien
à la morphine ou à quelque analgésique.

Jeudi 22 février

J'ai pu, voilà quelques jours déjà, réaliser un rêve et retrouver Katrin, la jeune femme qui m'avait fait voyager par le cœur quelques mois plus tôt. Cette fois encore, je l'ai priée de m'emmener en excursion dans ma nature bien-aimée, immobile et les yeux clos car j'ai eu de nouveau une longue période où les jambes ne m'ont pas portée. Quelle embardée nous avons faite ! Il y a d'abord eu le concert des joncs ; oui, quand montent les brumes (nous avions décidé de façon téméraire que c'était le début du printemps) la surface de l'eau s'est mise à chanter. Les plantes aquatiques dardaient leurs hautes flèches dans le marais et tout ce que l'hiver avait fait pourrir continuait encore de céder et de craquer. Les grosses carpes contribuaient à ébranler cette végétation en remuant fortement la vase à la recherche de petits crabes et d'autres bêtes croquantes qui grouillent et rampent.

Et tandis que quelques foulques, noires comme des lambeaux de nuit noire sur la brume blanche, soulevaient soudain leur vol, emportant pour leur nid tout ce qui se trouvait cassé et réveillant de leur lourd battement d'ailes, dans l'alignement d'orgue des jeunes tiges, d'entières octaves de notes claires, métalliques à force de fraîcheur, les vieux joncs lâchaient encore un dernier son gourd et sourd en se brisant.

Je pourrais continuer ainsi indéfiniment à décrire notre excursion. J'y étais en chair et en os ! *Tout cela,* je l'ai vu, je l'ai entendu, je l'ai humé, je l'ai caressé. *Tout cela* m'a envahie par tous les orifices du corps parce que tout cela était déjà en Katrin et que je suis déjà en Katrin puisque nous vibrons ensemble et tout cela que nous vivons, elle et moi, n'est qu'une seule et même réalité. Un seul corps. Une seule couronne. Une seule racine.

Inoubliable aussi à fleur d'eau la couleuvre à collier jaune qui coulait un regard langoureux. Inoubliable, le grèbe huppé à la tête élégante et mince, mince et que seules quelques plumes rousses dressées haut sur les côtés rendent hautain et intimidant.

Et depuis, de même que je vois défiler nuit après nuit tous les visages des êtres rencontrés sur cette Terre et que j'enrobe longuement de ma tendresse, surgissent, venus de loin, des « visages » de bêtes de mon passé. Des bêtes auxquelles j'avais autrefois longuement rendu leur regard et oublié depuis.

Ainsi au Sri Lanka, dans la citadelle du roi lion de Sigirya, ce gigantesque caméléon fondu au rocher qui me fixait et ne bronchait plus. Ou était-ce dans ce fol hôtel au milieu de la jungle de Kandalama que ce martin-pêcheur, froid comme un glaçon bleu, m'avait, dans un nez-à-nez en dehors du temps, foudroyé de sa présence ?

Tout n'était autour de toi que regards, Christiane. Tout n'est autour de toi que regards. Il manque toujours un mur à toute chambre. Et tu étais seule à n'en rien savoir ! Maintenant la malédiction de l'ignorance est soulevée.

Et pendant que je griffonnais ces mots, une infirmière m'apporte sur son portable une communication (je n'ai sur mon vœu pas de téléphone à demeure). C'est Nicole au bout du fil qui s'exclame après sa première phrase : « Oh le mouton du voisin vient de glisser la tête sous la barrière du jardin. Il est curieux de nous. »

Quelle émotion que de voir instantanément – lorsque n'y entre ni souhait ni intention – se modifier la réalité elle-même à l'instant même où notre conscience de la réalité se modifie.

Je grandis.
Je grandis.

Je sens intensément cette croissance en moi. J'apprends à chaque instant comme jamais.

Et toujours la porte de ma chambre qui s'ouvre et un visiteur, une visiteuse qui entre. Au début, Dorian a eu la bonté de me protéger puis, peu à peu, vu l'émerveillement que cela me cause – chaque visite ayant son miracle propre – quiconque vient est bienvenu dans la mesure du possible.

Une dynamique souvent vérifiable m'interpelle pourtant. Tous les êtres sont émouvants de bonté et d'amour – même s'ils l'ignorent eux-mêmes, c'est ainsi qu'ils m'apparaissent – jusqu'à la sensible ligne de démarcation où viennent suppurer les conseils, le savoir théorique fraîchement acquis ou même ancien et qui doit à tout prix être communiqué. A ce moment se produit une dégradation des composantes chimiques dans la relation : le visiteur a succombé à la tentation d'« aider » ! L'unicité, la singularité totale de la rencontre, est perdue – car dans la rencontre de l'autre – ici ce voyageur des mondes que d'aucuns appellent le malade –, n'est respectueux que le *non-savoir* radical. Ce qu'il vit, il est le tout premier à le vivre.

Lorsque Marie de Hennezel est entrée dans ma chambre, quelle joie de la voir incarner cette grâce. Elle a tout de suite perçu la haute vibration de mes cellules et s'est mise à leur diapason. Elle qui a pratiqué cela pendant tant d'années semble s'asseoir au bord d'un lit d'hôpital pour la toute première fois de sa vie. Quelle bonne heure nous avons eue ensemble !

Quant à Marie M. et Léonard A., arrivés l'après-midi de Bruxelles, ils m'ont reflété eux aussi qu'il n'y a qu'une manière aujourd'hui de parler de spiritualité, c'est de l'allier à l'humour, à la légèreté, à la poésie, à une philosophie au pied vif. Ce qui est lourd n'a pas d'avenir.

Et il y eut encore, peu après, la visite de notre vieil ami G.W., médecin joyeux et anticonformiste. Au moment de partir, il me dit : « Quand je vois la joie qui t'habite, je n'ai plus besoin d'en savoir davantage. La situation est claire. Le chemin de souffrance, il est à toi, OK. Mais le chemin de connaissance, tu n'as pas d'autre choix que de le partager avec nous. »

Je lui montre du doigt mon manuscrit sur la table. « Voilà. » Et je rayonne comme un enfant qui vient de réussir son tout premier pâté de sable.

Vendredi 23 février

« Seigneur, sois béni pour la vie de Christiane. Seigneur, sois béni pour Ta vie en Christiane. »

Avec ces mots, la petite sœur Lucie prend congé tout à l'heure.

Ces filles de l'Agneau sont bouleversantes de lumière. Il n'y a rien en elles de sirupeux ni d'édifiant ni de forcé. Tout perle d'elles comme d'une source intarissable. Ce qui m'étonne aussi est qu'elles aient toutes moins de trente-cinq ans, ici, dans leur petite communauté et s'auto-organisent dans la ferveur de leur jeunesse.

Sœur Ed. travaille à notre étage depuis un mois. Je la supporte très mal avec sa voix aigre et frustrée dès le matin et les jappements qui lui tiennent lieu de conversation. Je l'ai mise au rebut de ma bienveillance et je m'en accommode fort bien. Ce matin, mon propre jeu m'apparaît sordide et j'entrouvre les grilles. Je lui dis combien son agacement permanent me ferme le cœur. Pourrait-elle peut-être m'aider ? Cela ne dure pas cinq minutes durant lesquelles elle reste un peu interloquée, boudeuse et déjà je reçois d'elle les plus beaux présents. Ce qu'elle me raconte de deux ans de travail avec de jeunes enfants handicapés me met le cœur en fête.

« Quand on leur demande, me dit-elle, de dessiner un homme, ils ne vont pas faire comme vous et moi, des bras, des jambes et une tête. Ah vous deviez voir ce qu'ils dessinent, vous devriez voir ! "Et une maison, dessine-moi une maison." Ils ne vont pas faire comme vous et moi, là non plus, quatre traits, portes et fenêtres. Mais vous devriez voir ce que, eux, ils voient ! Parce que, eux ces petits, vous voyez, ils sont libres, c'est pas comme nous ! »

Je voulais entrouvrir tes grilles, sœur Ed., et c'est toi qui ouvres grandes les miennes.

Samedi 24 février

La bactérie qui depuis huit nuits déjà, toujours vers quatre-cinq heures du matin, me hisse sur les chevaux sauvages de ses fièvres et m'a octroyé une septicémie se pare en plus d'un superbe nom à rallonges (même mon Dr M. la rencontre avec respect pour la toute première fois de sa carrière !), son tout premier nom qui m'apparaît, son prénom m'époustoufle : arcano ! Le secret des mondes – l'arcane – s'en mêle ! Quelque chose de très fou se joue ici. Je contemple ce qui advient. Ma confiance reste totale et sans aucune candeur. Je me sais portée.

Lundi 26 février

Nuit des coups de couteau dans le ventre. Nuit de détresse et d'insondable profondeur. Rien n'agit. Sinon la conscience que tout a une fin. Le point qu'atteint le vieux Salomon dans l'Ecclésiaste, oui je le touche. « Il enviait les morts déjà morts. » Aucune phrase de l'Ancien Testament ne m'apparaît plus terrible. Et tout aussitôt, marchant main dans la main, la conscience folle que j'aime, que j'aime, que jamais l'amour n'a coulé de moi et en moi à pareils flots.

Et ce matin, la sœur G. me fait une toilette qu'il faut oser appeler amoureuse tant elle me rend une peau, la sensation de me revêtir d'un corps. « Tu m'as coulée comme un fromage, tu m'as pétrie comme du pain. » Dieu fait femme, Dieu sous l'apparence de sœur G., Dieu paysanne et nourrice, mère et amante, me coule comme son fromage, me pétrit comme son pain. J'en pleure.

Mardi 27 février

Après des journées si bouleversées, j'ai vécu ce soir à la venue de Giorgio une rencontre extatique et la grâce nous a envahis tous deux. « Nous avons traversé l'épreuve du feu, avons été cruellement et généreusement mis à l'épreuve. » Il m'est apparu que Giorgio avait porté sa vie durant, avec une constance inébranlable, la foi dans le devenir de ce monde et qu'il voyageait incognito à tous et à lui-même : Porteur de lumière, Serviteur de vie. Ce qu'il disait de moi, c'est lui qui l'était. Et à l'instant où nous avons pu voir que tout était accompli dans le secret, dans la brume inhérente au secret, nous avons vécu un interminable moment d'Eveil *ensemble* ! Aussi avons-nous versé les plus belles larmes de reconnaissance réciproque de toute notre existence.

Jeudi 1ᵉʳ mars 2007

Derniers fragments d'un long voyage. Voilà. Le carnet de bord est clos. Le voyage – ce voyage-là du moins – est pour moi terminé. A partir de demain, mieux : à partir de cet instant, tout est neuf. Je poursuis mon chemin.

Demain, comme tous les jours d'ici ou d'ailleurs, sur ce versant ou sur l'autre, est désormais mon jour de naissance.

Les six mois de vie que vous m'avez naïvement accordés le 1ᵉʳ septembre 2006, cher jeune docteur de Krems, je les dépose à vos pieds avec leur fruit le plus juteux : ces pages. Ma gratitude est totale.

J'ai reçu par ce livre le lumineux devoir de partager ce que je vivais dans ce temps imparti pour que la coque personnelle se brise et fasse place à une existence dilatée. Ce faisant, j'ai sauvé ma vie en l'ouvrant à tous, puisque toute vie, aussi longtemps qu'on la considère comme quelque chose de séparé et de « solide », se laisse égarer pour finir comme une paire de gants ou un parapluie dans la confusion des choses du dehors.

Il n'y a que perdre sa vie qui ait toujours le même visage : ne pas oser parier sur « l'homme intérieur », sur l'immensité qui nous habite. Ne pas oser l'Elan fou, l'Eros fondateur, ne pas plonger vers l'intérieur de soi comme du haut d'une falaise. J'ai plongé. J'ose le dire, oui, cul par-dessus tête, j'ai plongé !

« Tu connaîtras la justesse de ton chemin à ce qu'il t'aura rendu heureux. »
Aristote.

Du fond du cœur, merci.

Ce livre n'a pu voir le jour que grâce à Joëlle Gisiger et à Catherine Bernard-Sobczynski qui ont décrypté mes griffonnages de jour et de nuit et inlassablement travaillé à la mise en pages. Merci.

Composition IGS
Impression CPI Bussière en novembre 2014
à Saint-Amand-Montrond (Cher)
Editions Albin Michel
22, rue Huyghens, 75014 Paris
www.albin-michel.fr

Nº d'édition : 17755/18. – Nº d'impression : 2013257.
Dépôt légal : avril 2007.
ISBN : 978-2-226-17955-5
Imprimé en France